El budget

Giuseppe Pignanelli

EL BUDGET

© Editorial De Vecchi, S. A. 2018
© [2018] Confidential Concepts International Ltd., Ireland
Subsidiary company of Confidential Concepts Inc, USA
ISBN: 978-1-64461-155-5

Índice

Introducción

En el umbral del tercer milenio, la realidad de las actuaciones de muchas empresas puede equipararse a la de una nave acostumbrada a navegar por aguas tranquilas, con puntos de referencia reales y claramente identificables, que, de improviso, se encuentra desafiando mares siempre más amplios y tormentosos, donde todo referente es desconocido o está completamente ausente. O, en el mejor de los casos, es de difícil interpretación. En situaciones semejantes, la capacidad y la experiencia del timonel —esenciales para el éxito del viaje— no pueden considerarse garantías suficientes para una navegación sosegada. En otras palabras, la inmensidad y la inclemencia de los mares requieren la superación de la lógica tradicional de la navegación «a simple vista» y la utilización de instrumentos más modernos y sofisticados que puedan indicar de inmediato el fallido cumplimiento de la ruta programada o modificarla en caso de aproximación de «tormentas».

Dejando de lado la jerga marina —que, por otra parte, podrá observarse que es un lenguaje muy apreciado en esta materia—, no cabe duda de que el complejo conjunto de fenómenos que se encuentra bajo el término *globalización* o *mundialización* de los mercados ha provocado una sensible debilitación de las barreras competitivas consolidadas, si no su definitiva desaparición, gracias a la progresiva uniformidad de los niveles tecnológicos y cualitativos de los productos y servicios que se ofrecen.

Las primeras que han sufrido las consecuencias de la revolución de nuestra era han sido sobre todo las empresas pertenecientes a economías avanzadas de «industrialización histórica», tras las que se colocan con justo mérito las empresas españolas, que deben enfrentarse día a día a una competencia siempre nueva, bastante ágil y muy agresiva, capaz de ofrecer un producto con propiedades muy parecidas al «original» y a precios muy ajustados.

La competencia de precios, cada vez más despiadada, ha provocado en particular una progresiva disminución de los márgenes de venta y una consiguiente y aumentada atención a los costes, factor decisivo para competir con éxito a largo plazo en unas condiciones de mercado tan difíciles, dinámicas y diversificadas.

Por otra parte, la globalización ha significado también nuevas oportunidades. Se han abierto para nuestras empresas perspectivas prometedoras en mercados hasta ayer poco accesibles, en los que es preciso poder actuar con rapidez y eficacia.

Un elemento imprescindible para la prosperidad y el desarrollo de una empresa es, por consiguiente, una capacidad de reacción rápida y eficaz en escenarios en continua evolución, adaptando o modificando las propias estrategias.

El control de costes y cargos, la comprobación y monitorización de las estrategias establecidas para definir la «ruta» óptima que hay que seguir son algunos de los principales objetivos de todos los instrumentos y técnicas de gestión conocidos con la expresión «control de gestión».

Patrimonio exclusivo, desde su primera aparición, de empresas de grandes dimensiones, las técnicas de control de gestión han conocido —en particular en los últimos diez años— una progresiva difusión en empresas pertenecientes a distintos sectores y de dimensiones cada vez más reducidas, hasta alcanzar a pequeñas y medianas empresas.

La esencia de este éxito se encuentra en la toma de conciencia de que una gestión, fundamentada exclusivamente en la intuición de cada empresario o director, sólo puede limitar los horizontes de la «navegación» y, en última instancia, sacrificar la propia supervivencia de la empresa a largo plazo: recurrir a herramientas de gestión y control es, pues, absolutamente necesario.

De esas herramientas, el *budget* («presupuesto») es sin duda una de las más importantes y la que puede encauzar una larga y consolidada aplicación. En estos últimos años, se ha considerado a menudo que el budget había sido superado y por ello se ha convertido en blanco de las críticas más feroces; no obstante, esta metodología mantiene intacta toda su eficacia en su capacidad fundamental de programar las «actitudes» de la empresa, guiando su desarrollo y descubriendo sus trayectorias desviadas, como demuestran claramente las múltiples experiencias llevadas a cabo.

Esa es la consideración que ha llevado a dedicar el presente libro al budget. Este se propone constituir un manual de rápida consulta, una guía de eficaz referencia encaminada a que el lector entienda de qué sirve, cómo se construye, cómo se interpreta y cómo se pone al día un budget, omitiendo deliberadamente algunos detalles y profundizaciones que —aunque ciertamente interesantes y pertinentes en una lógica «académica» para complementar la exposición— tienen escasa o nula relevancia desde el punto de vista operativo. Para ello se remite al lector a numerosos textos y artículos especializados dedicados al tema, de los que algunos están reseñados en la bibliografía final. Por otro lado, se ha favorecido la constante referencia a contenidos de actuación concretos, propios del modo de «hacer un budget», así como se ha intentado, donde fuera útil, introducir sugerencias surgidas de la experiencia del autor.

CAPÍTULO 1

¿Qué es el budget?

El término *budget*, de origen anglosajón, pertenece ya, desde hace muchos años, a la terminología común: todo el mundo habrá oído hablar alguna vez a colegas y amigos o habrá hojeado libros o artículos dedicados a este tema. Sin embargo, si preguntara a amigos y colegas la definición de budget, las respuestas serían, seguramente, muy dispares y, a menudo, contradictorias.

¿Qué se entiende, por lo tanto, por *budget*? Una primera definición, no técnica, pero que, de algún modo, resume el significado que con más frecuencia se asigna a este vocablo, es la siguiente[1]:

---

el budget es el balance de la empresa, de carácter general o sectorial, que prevé los costes y ganancias del ejercicio.

El carácter documental del budget

Ante todo es importante subrayar que, dado que normalmente se elabora y se desarrolla con la ayuda de tecnologías informáticas, el budget es

1. *Enciclopedia generale*, Novara, 1996.

un *documento* que debe presentarse sobre el papel. En efecto, como objeto que debe compartirse en el interior de la empresa, no es posible que se dé el caso de que un budget permanezca en la mente (o en el ordenador) de quien ha cuidado su elaboración.

Por otra parte, es necesario aclarar que el budget es un documento *oficial*. Esta connotación diferencia en todo y para todo el budget de otros informes o documentos establecidos para la gestión.

No obstante, el hecho de que se trate de un documento oficial no implica que sea público: en efecto esta es una de las diferencias existentes entre el balance, que sirve para cumplir previamente las exigencias de información de terceros, y el budget, que es patrimonio exclusivo e interno de la empresa.

El budget como modelo de empresa

¿Qué contiene, pues, el documento al que damos el nombre de *budget*? Como hemos subrayado en la definición antes citada, contiene cifras, expresión de valores monetarios. El budget constituye, en realidad, junto al balance, una *representación numérica de la economía empresarial*. La diferencia es que el balance determina la economía de empresa en los ejercicios transcurridos (dimensión balance final), mientras que el budget representa la que deberá ser la estructura económica de la misma en el futuro inmediato (dimensión preventiva).

Sin embargo, la empresa no es una unidad única e indistinta, sino que está constituida por la actuación de personas y tecnologías de forma coordinada. Dichas personas y tecnologías responden a lógicas para agrupar los elementos que caracterizan la estructura organizativa y los procedimientos relativos de funcionamiento para aumentar la precisión y la verosimilitud de la «imagen» empresarial ofrecida. En otros términos, la articulación del budget y sus contenidos deben definirse de tal modo que el documento sea un fiel reflejo de la empresa en sus características organizativas y funcionales.

En definitiva, el budget es un modelo de la empresa o, más precisamente, un *modelo técnico y económico de funcionamiento de la empresa* para comprender y describir sus comportamientos con el fin, como veremos más adelante, de guiar su desarrollo.

El budgeting

El budget no nace de la nada, sino que es el resultado de un largo y laborioso proceso de elaboración y revisión, que recibe el nombre de *bud-*

geting. Aunque aparentemente estos dos términos son similares, hacen referencia a momentos bastante diferentes en el ámbito de la misma área de actividad. *Budget* identifica el resultado del proceso, que se concreta, como ya se ha comentado, en un documento. *Budgeting* identifica, en cambio, todo lo que se sitúa «aguas arriba» del resultado y es necesario para obtener el «producto» deseado, constituido justamente por el budget.

BUDGET Y BUDGETING

Proceso...

...Budget

En los siguientes capítulos se dedicará un amplio espacio a la ilustración de las fases del proceso de budgeting, ya que estamos convencidos de que un análisis de los contenidos y articulaciones del budget desvinculado de la consideración del budgeting resultaría limitativo y estéril, dado que se podría llegar a entender qué es un budget, pero no cómo obtenerlo.

El budgeting puede subdividirse en las siguientes macrofases:

LAS MACROFASES DEL BUDGETING

Definición de los objetivos por cada unidad organizativa

Definición de los programas de actuación ante los objetivos

Comprobación de la coherencia objetivos/programas

Búsqueda de acuerdo de asignación de los recursos disponibles

Planificación y programación

La primera de las macrofases del budgeting se designa normalmente con el término de *planificación estratégica*. Las demás fases constituyen, en cambio, los pilares de la que, en la jerga propia del control de gestión, se llama actividad de *programación de la gestión empresarial*. Por consiguiente, antes de seguir adelante es importante detenerse un instante en el significado y contenido de estas dos actividades y aclarar los elementos que las distinguen.

Cada uno de nosotros en el marco de nuestra propia vida está acostumbrado a hacer referencia a dos planos temporales diferentes. El primero nos conduce a imaginar nuestra vida en un escenario a medio o largo plazo. Cuando se es niño se tiende, en cambio, a fantasear sobre lo que se hará de mayor; cuando se es adolescente pensamos cómo será nuestra vida lejos de la familia o en el mundo laboral, y así sucesivamente. Es obvio que la imagen que tendemos a construir depende de nuestras expectativas y esperanzas, y no es posible prever —o al menos no con profundidad— qué sucederá en un futuro tan lejano.

Frente a estas expectativas y esperanzas, la vida de cada uno se va formando por muchas pequeñas decisiones a corto plazo que entran en la esfera del así llamado quehacer diario, y también mediante programas de nuestra propia actividad referidos a las semanas o, como máximo, a los meses siguientes. Se trata obviamente de decisiones y programas mucho más limitados en su extensión temporal y, por lo tanto, determinados en un contexto de mayor certidumbre.

Los dos planos citados, aunque distintos, no son entre sí del todo independientes. El niño que sueña con ser ingeniero —y mantiene firme este propósito durante mucho tiempo— deberá seguir un programa específico de formación y emplearse con constancia y a fondo en sus estudios para alcanzar su objetivo.

Así, la «vida» de una empresa no se diferencia en absoluto de la de una persona, puesto que también es preciso que una empresa decida qué quiere ser «cuando sea mayor» y actuar de modo congruente para intentar alcanzar los objetivos fijados. Particularmente, al proceso según el cual la empresa define qué quiere «ser de mayor» se le da el nombre de *planificación* y se traduce en la producción de un documento final llamado *plano*.

Más específicamente, la planificación[2] puede definirse como

la coordinación de actividades complejas que se extienden durante un largo periodo de tiempo.

2. G. Pellicelli, *Strategie e pianificazione nelle imprese*, Turín, 1985.

Dichas actividades constituyen en particular la expresión de los objetivos que la empresa debe apuntar en su desarrollo.

El conjunto de operaciones de ciclo breve que la empresa arranca para lograr esos objetivos se identifica en cambio con el término de *programación*, de la que el budget constituye el principal documento de síntesis.

Las fases del proceso de planificación estratégica

El estrecho vínculo entre planificación y programación —y por lo tanto entre plano y budget— impulsa a dedicar el siguiente espacio a la ilustración del proceso que lleva a la formulación de una estrategia y de los consiguientes objetivos que se le asignan.

El proceso se subdivide en distintas fases, que se indican en la tabla siguiente.

LAS FASES DEL PROCESO DE PLANIFICACIÓN

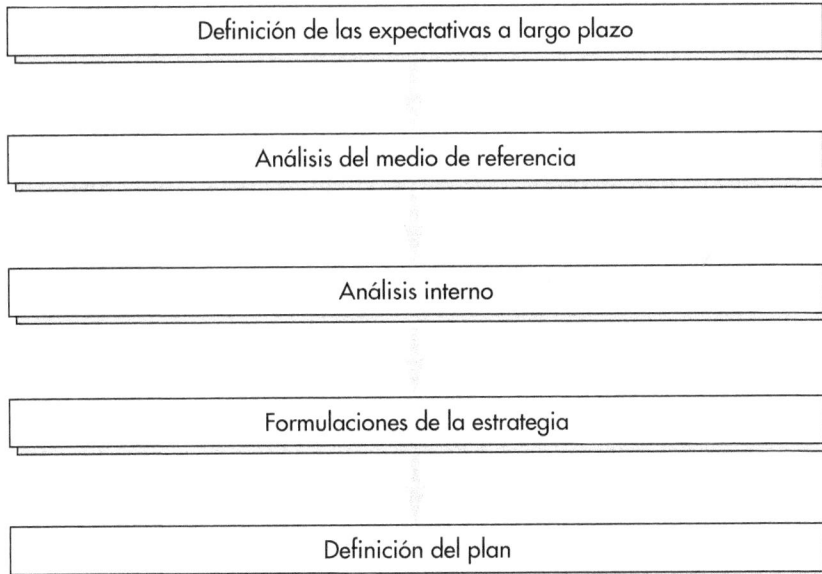

Definición de las expectativas a largo plazo

Análisis del medio de referencia

Análisis interno

Formulaciones de la estrategia

Definición del plan

Por ello intentaremos definir los elementos más importantes de cada fase, haciendo especial referencia a aquellos aspectos que, mayoritariamente, tienen relación con las modalidades de desarrollo y definición del budget.

17

Fase 1.
Definición de las expectativas a largo plazo

Las expectativas a largo plazo representan lo que la empresa será y las actuaciones que se considera oportuno emprender durante el tiempo examinado (por lo general, diez años). En efecto, cada empresario tiene en mente una idea precisa de la «dirección» que debe seguir y el modelo de gestión al que debe atender. Se trata, por lo general, de «buenos propósitos»: «debemos diversificar nuestra presencia en un determinado sector», «es necesario desarrollar la penetración en los mercados internacionales», o bien «es preciso crear un grupo de sociedades más fuerte mediante adquisiciones y alianzas».

Dichos propósitos no tienen una equivalencia operativa inmediata, pero permiten declarar de forma determinante qué va a ser la empresa «de mayor». Por su mismo carácter, raramente esos propósitos se exponen por escrito, sino que en general permanecen en la mente de quien los ha formulado. Por más que, en un primer momento, esos propósitos puedan parecer vagos e indefinidos, la importancia de las aspiraciones formuladas[3] es, en cambio, fundamental, puesto que de estas se generan todas las estrategias y políticas comenzadas por la empresa.

Fase 2.
Análisis del medio de referencia

Esta fase es muy necesaria, porque la empresa «opera en un medio en continua modificación y evolución, y eso crea numerosos vínculos con las actuaciones de la misma empresa. Las condiciones de la economía, la estructura y los valores de la sociedad y el régimen político cambian en el transcurso del tiempo y eso modifica las posibilidades efectivas de llevar a cabo objetivos más específicos que la empresa intenta alcanzar. Es preciso prever cuál será el futuro del medio en los distintos aspectos que puedan incidir en la actuación de la empresa»[4].

De todos los elementos que caracterizan el medio en el que debe actuar la empresa, el mercado es, sin duda, el de mayor relieve. Por ello es necesario «realizar el análisis del sector en el que opera la empresa, el análisis del mercado o de los mercados en los que vende, observar el

---

3. Esas expectativas se distinguen a menudo entre grandes objetivos (o misiones) de la empresa y objetivos a largo plazo en el sentido genérico. Entre los primeros se encuentran particularmente todas las propuestas y las expectativas que afectan a la razón, a la motivación fundamental por la que la empresa existe y la actividad que desarrolla habitualmente (por ejemplo «debemos ser los líderes en la venta del producto x»).

4. G. Pellicelli, *op. cit.*

comportamiento de la competencia (estrategias de las compañías, resultados logrados, informes) y determinar el grado de vulnerabilidad a la acción de la competencia»[5].

Fase 3.
Análisis interno

Para definir los objetivos que se desean alcanzar a medio o largo plazo hay que, valorar siempre si estos son compatibles con los recursos humanos, materiales y financieros disponibles en la empresa. Si estos últimos no fueran suficientes, sería imprescindible, «circunscribir la futura actuación de la empresa a un campo más definido dentro de los objetivos a largo plazo»[6].

De ahí puede deducirse por tanto que el proceso de planificación está sujeto a la disponibilidad de recursos, y es inevitable enfrentarse a ello (a menos que se adquieran recursos añadidos).

Por último, debe subrayarse que la consideración de los recursos humanos implica en esta fase el reconocimiento de las personas que, en el interior de la empresa, deberán hacerse cargo de las distintas actividades.

Fase 4.
Formulación de la estrategia

«Conociendo sus propias fuerzas y después de hacer una previsión sobre el futuro curso del medio, la empresa puede formular una serie de objetivos específicos que pretende alcanzar, una serie de criterios de decisión que deben adoptarse, e incluso una serie de normas de actuación que servirán de guía a las personas que trabajan en su interior»[7]. Objetivos, criterios y normas identifican la estrategia que desea adoptar la empresa.

Una estrategia no se limita por tanto a indicar adónde se quiere ir, sino también cómo se debe llegar al resultado deseado. Existen en realidad varios caminos con los que se puede conseguir el mismo resultado, no sólo en términos de recursos y plazos necesarios, sino también bajo el perfil de la actitud competitiva y de la «imagen» que lo lograrían.

Por consiguiente, sería correcto hablar de *estrategias* y también de *estrategia*, puesto que los objetivos considerados de importancia prioritaria son normalmente numerosos y están muy diversificados.

5. G. Pellicelli, *op. cit.*
6. G. Pellicelli, *op. cit.*
7. G. Pellicelli, *op. cit.*

Fase 5.
Definiciones del plano

«Tras formular la estrategia y al disponer por lo tanto de un conocimiento más preciso de los objetivos que se deben alcanzar y de los criterios en los que se intenta que se inspiren las futuras decisiones, es preciso coordinar los recursos disponibles de modo que los objetivos prefijados sean conseguidos en los plazos preestablecidos y, también, de modo que se obtengan los mejores resultados posibles»[8].

Por consiguiente, el plano sintetiza todo el proceso de planificación cumplido. En la actuación de esas síntesis es importante no limitarse a consideraciones de carácter discursivo o al enunciado de propuestas de salida, sino que es preciso que se puedan encontrar de manera clara todos los elementos necesarios para organizar las actividades que exige el plano (y precisamente quién debe llevar a cabo cada tarea, en cuánto tiempo y de qué modo). Resumiendo, el plano debe tener una estrecha relación con la gestión empresarial y sus «protagonistas», y constituye el detonante del proceso de programación resultante.

Con el fin de aumentar su eficacia y su valor, es oportuno por otra parte que el plano se redacte por escrito, de modo que permanezca como memorándum de todo lo que se haya establecido.

Por último, para una ejemplificación práctica de la definición de un plano, véase el caso descrito al final del presente capítulo.

La estructura del budget

El budget, como ya se ha dicho, representa un modelo técnico y económico de la empresa que se realiza para programar su actuación y orientar su desarrollo hacia los objetivos indicados en la sesión de planificación.

Para que pueda desempeñar con eficacia esas funciones es preciso que el modelo-budget se estructure al máximo «a imagen y semejanza» de la realidad empresarial. Eso significa por ejemplo tener en cuenta, cuando se programe la actividad comercial, los mercados de salida —en términos de localización geográfica y de composición de los principales grupos de clientela servidos—, así como los canales de distribución utilizados (a los que corresponden en general políticas de precio diferenciadas), etc. Para definir el presupuesto de producción es necesario considerar los productos objeto de la actividad empresarial y los correspondientes procesos productivos, en cuyos específicos mecanismos de funcionamiento es preciso profundizar con atención y detalle.

8. G. Pellicelli, *op. cit.*

Sobre todo, el presupuesto no puede dejar nunca de reflejar fielmente la estructura organizativa de la empresa y el sistema de responsabilidades, puesto que es al personal al que en definitiva se asignan los objetivos en función de las responsabilidades internas.

LA ESTRUCTURA ORGANIZATIVA

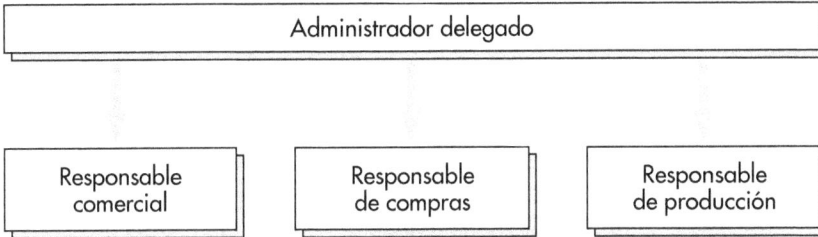

Administrador delegado

Responsable comercial	Responsable de compras	Responsable de producción

En definitiva, el presupuesto es un documento que se refiere a una empresa específica y bien determinada, respecto a cuya estructura y modalidad de funcionamiento deben conformarse los propios contenidos. Eso significa que, aunque no exista una empresa igual a otra:

---

un budget no puede nunca reproducirse, sino que representa una especie de «traje a medida».

La pertenencia a un mismo sector no significa que el budget pueda trasladarse de una realidad empresarial a otra, aunque parezca que los contenidos de ambos documentos sean muy parecidos. Es decir, pueden existir budget similares o muy similares, pero nunca budget idénticos. Nos referimos a las informaciones contenidas en el budget y a su articulación, no a la lógica de desarrollo y a la elaboración del propio budget, que permanece invariable independientemente de la empresa examinada. Por consiguiente parece que sea siempre necesaria una oportuna intervención para la «confección a medida» del budget.

La articulación del budget

El budget no es un simple documento unitario, sino que está constituido por la unión de varios documentos; cada uno se refiere a la programación de un aspecto específico de la economía empresarial. Para poner de relieve el carácter compuesto, existe la costumbre de llamar al budget empresarial con el nombre de *master budget*.

ARTICULACIÓN POR OBJETO DE IDENTIFICACIÓN

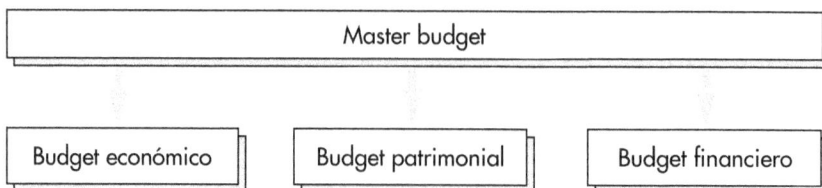

Master budget

Budget económico	Budget patrimonial	Budget financiero

La articulación del master budget, citada más arriba, fundamentada en la distinción tradicional que se basa en el «objeto» de las elaboraciones de la que cada budget representa la síntesis documental, tiende a «confundirse» en la realidad operativa, por la necesidad del propio master budget de representar fielmente la estructura organizativa de la empresa.

De hecho es inevitable que, en la elaboración del propio budget funcional, los responsables comerciales tengan presente, por añadidura y como corolario de los resultados de renta conseguidos, además de las inversiones necesarias para conseguir tales resultados, las inversiones que determinan sensibles modificaciones de la estructura patrimonial, y también cuantificar los recursos financieros necesarios para sostener esas inversiones y financiar la gestión ordinaria.

La articulación del master budget, fundamentada en el objeto que se pretende obtener, tiene tendencia por lo tanto en la práctica a ser sustituida por la llamada «perspectiva operativa de área», puesto que el documento final de síntesis se crea a través de la consolidación de los budget establecidos desde cada área. Cada una de estas prepara, de forma autónoma pero coordinada, la elaboración de los tres documentos siguientes.

COMPOSICIÓN DE LOS BUDGET DE CADA ÁREA

Budget de actuación
Consiste en la programación de los resultados rentables alcanzados tras los planos de actuación establecidos.

Budget de inversiones
Calcula la incidencia sobre el patrimonio del programa de inversiones —del que se reproducen todos los detalles en términos de tipología, importes, impacto de renta, financiero, etc.— y consiste en la comprobación del budget de actuación.

Budget financiero
Se centra en la previsión de los flujos financieros relacionados con los programas de actuación y de inversión, de los que controla su viabilidad, y subraya las exigencias de investigación de las fuentes de financiación necesarias.

CASO PRÁCTICO
LA CLÍNICA DE SAN ANTONIO DE PADUA
Primera parte

Fundada en la primera mitad de la década de los cincuenta por el doctor Sartini, un prestigioso y apreciado médico del lugar, la clínica de San Antonio de Padua conoció en los años sesenta y setenta un periodo de fuerte expansión con excelentes resultados de renta.

Con la desaparición de su fundador a principios de los años ochenta, la clínica atravesó un periodo de progresivas dificultades, acentuadas por la necesidad de situarse por delante de la agresiva competencia de las nuevas estructuras sanitarias surgidas en las inmediaciones, por iniciativa además de algunos ex colaboradores de la propia clínica. En 1985, la estructura —propiedad de la familia Sartini— fue comprada por un grupo empresarial especializado en la producción y la comercialización de equipamientos sanitarios. El grupo nombró director al doctor Borghetti, que ha asumido el cargo de administrador delegado de la clínica y ha nombrado director general al doctor Vincenti.

El decenio siguiente —de 1985 a 1995— se dedicó principalmente a la recuperación del equilibrio financiero y al relanzamiento de la imagen de la clínica. En ese sentido, se nombró a un nuevo director sanitario en la persona del doctor Saltarelli, apreciado hematólogo que ya era jefe de un hospital próximo.

Con el apoyo de una empresa externa, especializada en estudios de mercado del sector sanitario (Salus Market), la clínica de San Antonio de Padua procedió por último a una revisión de sus propios servicios, lo que condujo a una progresiva reducción de los servicios de hospitalización en favor de prestaciones ambulatorias especializadas, de menor coste y para las que se habían reconocido prometedoras oportunidades de mercado.

En ese sentido se realizaron cuantiosas inversiones con el fin de dotar a la clínica de las instalaciones de diagnóstico más avanzadas (TAC, ecógrafos, etc.) de modo que se alineara su nivel tecnológico a los estándares más avanzados.

En el transcurso de 1996, el doctor Borghetti empezó a interrogarse sobre el futuro de la clínica y a considerar cómo podía asegurarse su desarrollo y el éxito en los siguientes años. Se estableció la redacción de un plan para el quinquenio 1998-2002.

(Continúa en la pág. 45).

CAPÍTULO 2

Las perspectivas de análisis del budgeting

Ya se ha introducido el término *budgeting* para indicar el proceso que conduce a la definición del master budget. También se ha comentado que este proceso se articula en tres fases, que sintetizan y constituyen la esencia misma de las actividades de programación de la gestión empresarial. En el presente capítulo, el budgeting se analizará con referencia a las tres dimensiones de perspectiva fundamentales.

PERSPECTIVA DE ACTUACIÓN
¿Cuáles son las fases del proceso de elaboración del presupuesto y en qué secuencia se presentan?

PERSPECTIVA DE ORGANIZACIÓN
¿Qué debe incluirse en la definición de budget y cómo se calcula?

PERSPECTIVA DE COMPORTAMIENTO
¿Cómo incide el budget en los comportamientos de los recursos empresariales?

Es bueno precisar que estas perspectivas de análisis representan tres «lupas» distintas en las que el objeto de análisis sigue siendo siempre el mismo. Usando la jerga fotográfica, al variar la profundidad de campo y el enfoque, se pueden captar detalles de un objeto que habrían sido muy difíciles de ver observando el objeto en su globalidad. En cualquier caso, una perspectiva no excluye la otra puesto que coexisten y se integran en el interior del mismo proceso, del que representan un aspecto particular.

La perspectiva de actuación

Cuando se empieza a elaborar el budget, la primera pregunta que se plantea es la siguientes: «¿qué es preciso hacer y en qué orden?».

Las fases del budgeting

FASE 1.
DEFINICIONES DE LOS OBJETIVOS ESTRATÉGICOS Y DEL TARGET

El punto de partida del proceso de elaboración del budget está siempre representado —es importante tenerlo en cuenta— por los objetivos fijados por la dirección de la empresa, objetivos que constituyen el resultado del proceso de planificación estratégica. Sin objetivos claros y oficialmente declarados ningún budget podrá nunca llegar a ser definido.

Los objetivos deben, por lo tanto, ser oportunamente traducidos, mediante un procedimiento de descomposición progresiva, en resultados (o *target*) asignados a cada área empresarial, que deben alcanzarse en el transcurso del ejercicio para conseguir los objetivos prefijados.

Una vez definidos los objetivos y el target, empieza el trabajo de elaboración del budget.

FASE 2.
ELABORACIÓN DE LOS PROGRAMAS DE ACTUACIÓN

En primer lugar, cada área debe elaborar su propio programa de actuación: deberá establecerse un programa comercial, un programa de producción, un programa de compras, etc. De este modo, cada área asume responsabilidades precisas, obligándose, por ejemplo, a vender un determinado número de unidades de un producto en un cierto mercado o a producir determinadas cantidades a precios fijados previamente. Se trata de obligaciones formales —puesto que están oficializadas por escrito— respecto a las que se tiene conciencia de que será valorada la propia labor.

Por otra parte, a través del programa de actuación, cada área declara la importancia de recursos que considera indispensables para lograr resultados.

De los programas de acción emergen por último todos los aspectos que deberán tenerse en cuenta para conseguir un budget realista, es decir, basado en la correcta consideración del equilibrio operativo de la empresa. Se trata normalmente —aunque no exclusivamente— de aspectos que atañen a la capacidad productiva de la empresa.

Cada programa tiende naturalmente a reflejar la realidad específica de las distintas áreas. En efecto, el programa comercial se refiere al mundo de las ventas y a la programación de los niveles necesarios de almacén de los productos acabados (que están en el área de demanda que proviene del mercado). El programa de producción afecta a la realidad de la fábrica y de las manufacturas externas y a la gestión del almacén de materias primas y semitransformadas (siempre que estas últimas no se hayan comercializado en el estado en que se encuentran). El programa de compras hace referencia, por último, al aprovisionamiento y a la contratación con los proveedores.

Es preciso, por otra parte, subrayar que es conveniente que cada programa contenga solamente datos que pertenezcan a la esfera de competencia del área que se ha encargado de su elaboración, para evitar injerencias en otras áreas de gestión (algo que sucede demasiado a menudo).

También es necesario que las obligaciones asumidas por las áreas durante la definición del programa se expresen siempre en términos de cantidades físicas (por ejemplo, el número de unidades de producto que debe venderse o producirse, el peso de materia prima que debe adquirirse, etc.), de modo que se impida a los responsables de cada área hacer previsiones cualitativas, es decir, no cuantificables exactamente, o referidas a intervalos (por ejemplo, vender de X a Y unidades de producto).

Por último, es obvio que los programas de actuación de las distintas áreas no son directamente comparables entre ellos, si no es de dos en dos y referencia a cantidades específicas (por ejemplo, el programa de ventas y el programa de producción, que marcan la cantidad de productos a vender/producir).

FASE 3.
ELABORACIÓN DE LOS BUDGET FUNCIONALES

El programa de actuación no es todavía un budget, aunque se haya limitado al específico «microcosmos» de pertenencia a una determinada área. Ya se ha subrayado en realidad que el budget constituye una representación económica de la realidad examinada, en este caso cada área.

En cambio, con los programas de actuación se llega sólo a determinar las cantidades.

El paso siguiente es, por lo tanto, traducir las cantidades expresadas en los programas de actuación en valores monetarios, transformando así los programas en budget funcionales. Esto significa aplicar a las cantidades el correspondiente valor unitario de precio/coste con el fin de traducirlas a los pertinentes valores económicos de coste o ganancia, en los que se basa un budget.

Para dar un ejemplo, en el caso del programa comercial, si se aplica el precio de venta unitario de un producto a la cantidad de producto que se ha programado vender en un área determinada, se calcula la facturación prevista para el producto en cuestión, facturación que representa uno de los valores de ingresos fundamentales de la economía empresarial.

Un procedimiento análogo es el que se sigue para el programa de producción (cantidad que se debe producir por coste unitario de producción), el programa de las compras (cantidad que se debe comprar por precio/coste unitario), etc.

Los programas de actuación y los budget funcionales constituyen distintas fases en el ámbito del budgeting por dos razones fundamentales. En primer lugar, en muchísimas realidades empresariales, el perfil profesional del que determina el coste de producción de un artículo o el precio de compra de una materia prima es normalmente distinto al que —con mayor competencia de *business* sobre el área específica— indica la cantidad que hay que vender, producir, comprar, etc. En realidad, mientras el coste de producción unitario lo establece a menudo el responsable del control de gestión (o *controller*) u otra figura del área administrativa, que intenta establecer y poner al día ese valor unitario basándose en metodologías específicas de cálculo, el cálculo para determinar qué cantidad debe producirse se confía al responsable de producción.

En segundo lugar, como veremos mejor cuando se trate el tema de las lógicas de control presupuestario, es necesario mantener la distinción entre las cantidades y los correspondientes precios/costes para explicar las desviaciones observadas en el balance final respecto a los valores del budget, y reconocer de ese modo cuál de los dos componentes de partida (cantidad o precio/coste) ha sido mayoritariamente afectado por las variaciones registradas. Para dar un ejemplo, si no se mantiene la diferencia entre la cantidad que debe venderse y el precio unitario de venta de un determinado producto, en caso de menor facturación respecto al objetivo del budget, nunca se podrá establecer si ello es imputable a una disminución del precio, atribuible a su vez a la creciente presión competitiva del mercado (precio delta), a una merma del número de productos comercializados, o debido a la demanda estancada (cantidad delta), o a ambos factores.

FASE 4.
CONSOLIDACIÓN DE LOS BUDGET FUNCIONALES

Una vez valorados los programas de actuación se procede a lo que técnicamente se ha denominado «operación de consolidación de los resultados parciales» y a la consiguiente comparación del resultado completo del budget con los objetivos alcanzados.

Un ejemplo nos ayudará a entender mejor en qué consiste la consolidación de un budget funcional.

Cuando las cantidades de venta para cada producto han sido establecidas y traducidas en valores de facturación, estos últimos por lo general se suman para determinar la facturación global por cada línea de producto, área geográfica, etc.

Estos totales parciales se suman a su vez a un nivel superior hasta determinar la facturación completa empresarial alcanzada para el ejercicio (o para un periodo de tiempo determinado) al que el budget hace referencia, que constituye normalmente el nivel más alto de síntesis de los valores económicos propios de un budget comercial.

Esta serie de totales recibe el nombre de consolidación. Consolidar el budget es importante porque permite comprobar de inmediato si los target (económicos) asignados a las áreas encuentran confirmación o no en el budget elaborado.

Si, por ejemplo, al área comercial, en la planificación estratégica, se le ha asignado como target el incremento de la facturación en un 15 % en los países de la Unión Europea y, tras la consolidación en el área examinada, apareciera que el incremento de facturación alcanzado se queda sólo en torno al 12 %, sería preciso que el responsable comercial procediera enseguida a una revisión de los programas de acción asignados a las redes de venta y a una consiguiente revisión del budget funcional, puesto que eso resulta poco coherente con los objetivos que se pretenden alcanzar.

Es evidente que la consolidación gana significado y validez sólo si las cantidades han sido valoradas (es decir, con el budget funcional definido), puesto que efectuar un total de cantidades físicas, aunque entre sí sean homogéneas, sin considerar sus valores de precio/coste resultaría de muy poca utilidad.

Debe hacerse hincapié, por último, que, en el paso de programas de actuación a budget funcionales, no se traducen en valores económicos sólo las cantidades que está previsto vender, producir o adquirir —que representan la obligación que cada área asume en las comparaciones empresariales—, sino también las demás magnitudes, que constituyen una parte integrante de un programa de actuación y, precisamente, los recursos requeridos así como los aspectos operativos.

FASE 5.
ELABORACIÓN DEL MASTER BUDGET

Tras la valoración, los budget elaborados por las distintas funciones empresariales son comparables entre sí. Es decir, existe menor límite —factor puesto en evidencia tratándose de programas de actuación— al comparar solamente dos programas y sólo en relación con aspectos particulares. En el caso de los budget funcionales, todos los valores se expresan en pesetas (u otra unidad de cálculo) y, por lo tanto, no existen limitaciones de confrontación.

Es necesario en este punto «ponerlos juntos», componerlos de modo armónico con el fin de determinar valores y resultados no ya referidos a cada área, sino en general, a la empresa. Se trata de nuevo de una operación de consolidación, ya no limitada a cada budget funcional, sino intentando sintetizar los distintos budget funcionales.

Es importante precisar que, por más que dichas operaciones puedan parecer más bien banales, estas constituyen el paso más delicado, el momento en el que se pone a prueba la capacidad profesional de un *controller*, o más generalmente, del que realiza el budget. En efecto, no debe olvidarse que los distintos budget funcionales deben ser plenamente coherentes entre sí y, por lo tanto, «encajables» sin problemas, como las piezas de un puzzle.

Pero con frecuencia los resultados de uno contrastan abiertamente con los de otro. Estos elementos de incoherencia deben ser rápidamente corregidos y deben provocar una revisión inmediata de los budget funcionales en cuestión, o incluso de los programas de actuación.

En la definición del master budget, existe, por otra parte, la posibilidad de tropezar con «funciones de superposición» entre los distintos budget, donde los mismos asignan valores diferentes; incluso estas superposiciones deben ser puestas en relieve (por el *controller*) y ser corregidas lo antes posible (por las áreas). Cuando ya sean plenamente coherentes, los budget funcionales deben ser oportunamente integrados por informaciones de carácter financiero y patrimonial, que normalmente son competencia exclusiva del área administrativa.

No se ha dicho que, una vez consolidados e integrados los budget funcionales, el budget empresarial resultará coherente y/o presentará valores satisfactorios respecto a los objetivos fijados por el dueño o la alta dirección (véase lo que ya se ha subrayado a propósito de los budget funcionales).

Como se ha podido observar, el budgeting casi nunca logra su objetivo con un solo paso, sino que se trata más bien de un proceso largo y pesado, que obliga a redactar muchas veces los mismos documentos (budget funcionales y budget empresarial).

Construir un budget empresarial significa esencialmente estar preparados para discutir de nuevo, desde el más simple detalle a la base, todo lo que se haya construido.

En definitiva, es correcto afirmar que el proceso de definición del master budget se compone de tres fases: pero probablemente, al evaluar los hechos, resultará que está compuesto por veinte, treinta fases, según las veces que el proceso elemental, descrito anteriormente, deberá ser repetido.

La secuencia de las fases del budgeting

Tras habernos detenido ampliamente en las fases del proceso de definición del budget empresarial, podemos responder fácilmente a la segunda pregunta formulada, introduciendo la perspectiva operativa.

---

la secuencia de las fases de budgeting está formada por la sucesión lógica de las fases descritas anteriormente.

La sucesión representa el eje básico del proceso, por lo que es preciso ajustarse a él escrupulosamente para garantizar un desarrollo ordinario y racional del trabajo de budgeting.

Programa de actuación	budget funcional	master budget

No obstante, queda pendiente otra pregunta: en el ámbito de las fases, ¿existe un orden según el que proceder? O, más detalladamente aún, de los distintos budget funcionales, ¿cuál es mejor definir primero? La respuesta a estas preguntas no es simple y, de cualquier modo, nunca unívoca, ya que depende de forma determinante de las características propias de la empresa examinada.

Se muestra a título indicativo la siguiente esquematización, que reproduce el orden operativo predominante.

En el mundo del control de la gestión a menudo se oyen afirmaciones como «el comercial es el que guía la definición del budget». Eso es cierto e incluso obvio, si se piensa que la programación de la economía de una empresa debe necesariamente encaminarse hacia la demanda del mercado —o por lo menos tenerla en cuenta—. Son, por consiguiente, los responsables comerciales los que deben indicar qué producir y en

PROGRAMAS DE ACTUACIÓN

Budgets funcionales

Budget comercial (o de ventas) Budget de producción Budget de compras Budget de servicios generales

Consolidación y definición del master budget

Budget coste de ventas Budget financiero Cuenta económica preventiva Situación patrimonial preventiva

qué medida producir, y, a partir de estas previsiones, el responsable de producción elabora a su vez su propio budget funcional, generando automáticamente los presupuestos de materias primas que representan el punto de partida del budget del área de compras, y así sucesivamente.

Este esquema es normalmente, pero no universalmente, válido, ya que existen empresas donde la ilimitada capacidad receptiva del mercado de referencia —que no supone riesgos de falta de absorción de la producción obtenida— o la exasperada búsqueda de la eficiencia productiva, cuyos factores competitivos determinantes o incluso la presencia de aspectos tecnológicos —que impiden variar en plazos breves los planteamientos productivos consolidados para afrontar los ánimos mutantes del mercado— provocan que el budget de producción y, el de compras, tiendan a desvincularse de consideraciones de carácter comercial y que sea en ese caso el budget de venta que se debe "seguir" lo que haya sido programado por la producción. Este caso es habitual en empresas que manufacturan productos en serie cuya demanda está en fuerte expansión o que han realizado en el pasado reciente consistentes inversiones tecnológicas que han condicionado su flexibilidad.

La perspectiva de organización

Una vez comprendido qué debe hacerse y en qué momento, es necesario preguntarse: «¿A quién es preciso implicar en la definición del budget?» y «¿en qué medida y de qué modo?».

Los actores del budgeting

La respuesta a la primera cuestión depende, obviamente, de la complejidad y de la articulación de las estructuras que caracterizan la empresa considerada. En empresas de pequeñas dimensiones, cuya gestión es llamada «familiar», es probable que las figuras implicadas en el proceso de budgeting tiendan a coincidir con los miembros de la familia propietaria que gestionan la empresa. En empresas de grandes o muy grandes dimensiones, caracterizadas por una estructura articulada a muchos niveles, el numero de personas implicadas es por lo general más elevado. Como ejemplo, se hará referencia a una empresa de medianas dimensiones con una articulación de la organización en áreas de tipo tradicional, que representa aún hoy en día la realidad típica del tejido empresarial en nuestro país.

¿Quién pues, debe ser partícipe en el proceso de elaboración del budget empresarial? La respuesta correcta a esta pregunta es la siguiente:

deben implicarse en el budgeting todas las personas que tengan un papel de responsabilidad.

En efecto, ya se ha comentado que, para establecer su propio budget, cada área asume deberes precisos, y declara al mismo tiempo cuántos y qué recursos son necesarios y qué aspectos es imprescindible tener en cuenta. Es obvio que la asunción de deberes formales debe llevarse a cabo con aquel que tiene la responsabilidad de organizar el área afectada. Aparece, de ese modo, un aspecto fundamental:

el número y el perfil profesional de los actores del budgeting refleja el sistema de delegación de la empresa

En la realidad empresarial, donde los aspectos delegados confiados a las distintas áreas afectan predominantemente a la gestión de actuaciones diarias, los actores tienden a identificarse con las personas —o, en casos límite, con la persona— que tengan efectivamente el poder de decisión. Obviamente sucede todo lo contrario allí donde son predominantes las lógicas de organización con delegación difundida.

Es oportuno detenerse en este punto: un aspecto que muchas veces es fuente de confusión. A menudo sucede por ejemplo que, en la definición del budget de su propia área, el responsable comercial haga referencia a los agentes y representantes, internos o externos, para cuantificar las ventas previstas en la correspondiente área o en el correspondiente sector. Se implica por lo tanto a agentes y a representantes en el proceso de construcción del budget, aunque con una referencia específica a la definición de una «parte» del budget del área de pertenencia.

Existe no obstante una distinción fundamental entre ser partícipe y ser actor del proceso, distinción que se basa de nuevo en el concepto de responsabilidad económica. En efecto, indicar cuántas unidades de un producto determinado se considera que se venderán en el ejercicio siguiente en su propia zona no significa en absoluto asumir obligaciones respecto al mantenimiento de la previsión formulada.

El papel del agente y del representante en relación con el budget no implica responsabilidad: estas personas son por lo tanto partícipes, pero no actores del proceso.

Por último, es preciso que los actores del budgeting sean diferentes de los actores del proceso de planificación, como sucede en cambio en las realidades empresariales de las pequeñas y medianas empresas, donde dueño y director son la misma persona. Eso hace que el budget sea en realidad ineficaz como instrumento de programación de la actividad empresarial, porque anula la responsabilidad (o el deber) de carácter económico.

Eso significa que en las empresas pequeñas o de gestión familiar debe procederse como sigue: algunos miembros de la familia deben fijar los objetivos y los demás determinar los programas y los budget para conseguirlos.

Los actores del proceso de elaboración del budget pueden llegar —en casos límite— a ser cien, pero no deben ser sólo uno o dos cuando coincidan con el dueño o la alta dirección.

El grado de implicación de los actores del budgeting

Tras reconocer a los actores del proceso de definición del budgeting, es preciso analizar en qué medida estos deben implicarse en dicho proceso. Ni siquiera en estos casos existe una respuesta unívoca, ya que depende del estilo con que el empresario o los directivos de la empresa estén acostumbrados a administrar las relaciones con la estructura de la organización interna y por las exigencias específicas de dirección de la economía empresarial, predominantes en el momento de elaborar el budget.

En los libros dedicados al budgeting, a menudo se hace referencia a dos caminos sobre el nivel de compromiso de los actores. El primer camino se identifica con el nombre de «estilo consultivo»:

ESTILO CONSULTIVO

*La decisión corresponde siempre y de cualquier modo
al empresario o a los directivos empresariales.*

El estilo consultivo es el habitual en aquellas realidades empresariales donde el «peso» del empresario o del directivo en la definición de los budget funcionales o del master budget es absolutamente predominante respecto a los de las simples responsabilidades de áreas.

Es justo el caso de algunas empresas donde el empresario o la alta dirección tienen «la última palabra» y la implicación de las áreas está limitada esencialmente a un simple papel de consulta y de comprobación de los resultados fijados. El responsable de área, por lo tanto, decide poco o nada: las obligaciones y los recursos disponibles para respetarlas, le son impuestas desde arriba; no se produce ninguna negociación. En particular, a través de tal corriente informativa, el dueño o la dirección intentan generar acuerdos respecto a sus propias decisiones, poniendo «al corriente» al responsable afectado de lo que está surgiendo durante la elaboración de los programas y de los budget —que permanecerían de otro modo en la oscuridad para él—, y solicitándole que exprese su opinión (opinión que constituye, si es favorable, en el lenguaje simbólico de las comunicaciones internas de una empresa, una especie de aceptación formal, aunque sea pasiva, de lo que se ha establecido en las llamadas «plantas altas»).

La situación completamente opuesta a la descrita se llama «estilo participativo».

ESTILO PARTICIPATIVO

*Corresponde a los responsables de las áreas conducir el proceso
de elaboración del budget.*

En efecto, en un planteamiento de tipo participativo, la contribución del empresario o de la alta dirección es mucho más discreta, y la carga del desarrollo de programas y budget está enteramente delegada a las distintas áreas; sólo con un budget funcional definido se inicia el debate y la comprobación con los dirigentes directivos y las demás funciones empresariales.

El hecho de haberse hecho cargo en primera persona del desarrollo y la redacción del budget de su propia área, lleva en general a asumir «activamente» las obligaciones y a defender a ultranza, durante las negociaciones, la corrección de las necesidades de recursos avanzados.

Dichas negociaciones, por otra parte, asumiendo los planteamientos y las decisiones previamente establecidas, están abiertas a cualquier salida, en función sobre todo de la habilidad de cada responsable.

Cada responsable tiene pleno conocimiento de los contenidos y de la articulación no sólo de los programas y de los budget de directa pertenencia, sino también de los programas y los budget elaborados por otras áreas, con las que debe cotejarse constantemente durante las negociaciones.

Esta continua comparación favorece el intercambio de informaciones en el interior de la empresa, permite a cada área ser consciente de las expectativas y de los problemas de los demás, y crear la importante costumbre del diálogo entre los distintos departamentos y niveles de organización.

Es normal que los empresarios y altos directivos se pregunten cuál de los dos estilos, descritos antes, es preferible. Debe indicarse que ambos estilos constituyen los extremos teóricos, y en la realidad operativa de la empresa predominan normalmente soluciones intermedias; el mejor camino es, por lo tanto, consecuencia directa del sistema de delegación empresarial.

En empresas donde existen «verdaderos» responsables, es decir, responsables acostumbrados a asumir sus propias responsabilidades y a luchar para obtener los recursos necesarios, es obligatoria la elección del estilo participativo; y viceversa, allí donde la presencia operativa de los directivos empresariales, es, por tradición consolidada, relevante —tiende así a disminuir el papel de eventuales responsables de áreas, obligados a consultar a sus superiores cada decisión—, el que predomina es el estilo consultivo.

Por ello, no son precisos análisis particulares para establecer qué estilos son preferibles: el que lo determina es el modelo de responsabilidad vigente (centralizado o descentralizado).

Por otra parte puede suceder que, cuando esté establecido un sistema de delegación extenso y de responsabilidad interna «de calidad», una rápida reconversión de las estrategias de la empresa o amenazas u oportunidades provenientes del mercado impongan programar y controlar la gestión de la empresa «atando corto», neutralizando las distorsiones y/o las interpretaciones personales características de los distintos estilos empresariales de cada responsable interno. En estas situaciones, en cierto modo excepcionales, es normal que predomine el estilo consultivo, más llevado a la imposición de objetivos y programas, y por consiguiente, más adaptado a empujar a la empresa en plazos cortos en la dirección ambicionada, evitando desviaciones indeseables y desagradables «extensiones» del recorrido.

Las modalidades de implicación de los actores del budgeting

El grado de implicación de los actores en el proceso de elaboración del budget influye en las modalidades en las que deben producirse esas implicaciones. Allí donde predomina el estilo consultivo es lógico esperar una «dependencia» respecto al desarrollo del proceso de decisión, que es promovido y llevado, de modo centralizado, directamente por el empresario o la dirección.

En tal contexto los objetivos se imponen desde arriba y están subdivididos en target indicados para cada área, cuya obligación es elaborar programas de actuación congruentes con los target que les han sido encomendados. Este tipo de gestión de la implicación de los actores del budgeting está definido en los manuales como una orientación *top-down* («de arriba abajo»).

ORIENTACIÓN *TOP-DOWN*

Proceso de toma de decisión centralizado en la dirección.
Papel «de dependencia» de los actores de cada área.

La situación opuesta se encuentra en aquellas realidades empresariales donde predomina el estilo participativo, donde es normal que los target que deben marcarse en las distintas áreas sean formulados en primer lugar por los actores afectados y, sólo sucesivamente, sujetos al examen de los niveles jerárquicos inmediatamente superiores, que, tras comprobar la oportuna consolidación de los target comunicados, deciden si son realizables y congruentes con los objetivos estratégicos fijados.

Por tanto, se procede, en términos figurados, de abajo arriba, o mejor dicho, desde niveles jerárquicos inferiores hasta la dirección, en una sucesión de consolidaciones y comprobaciones sucesivas. Esta orientación es conocida como orientación *bottom-up* («de abajo arriba»).

ORIENTACIÓN *BOTTOM-UP*

Proceso de toma de decisión descentralizado en las áreas
y niveles jerárquicos inferiores.
Consolidación progresiva de los target fijados.

Como ya se ha señalado a propósito de los estilos de implicación, las dos definiciones de orientación, descritas antes, representan los extremos de una gama de situaciones donde normalmente se encuentran la mayoría de empresas. Las dos orientaciones representan por otra parte esquematizaciones voluntariamente simplificadas, que no encuentran equivalencias en la realidad operativa.

En la elaboración del budget empresarial, el empresario o la alta dirección transmiten siempre a las funciones y a los niveles jerárquicos sucesivos sus propias indicaciones y sus propias expectativas, que, una vez atentamente elaboradas y traducidas en programas de actuación de las áreas, son por lo general revisadas y corregidas, y dan lugar a una propuesta de nuevos target, que deben observarse en la gestión cotidiana.

La estructura de organización está por consiguiente atravesada por numerosas corrientes de arriba abajo y de abajo arriba. Debe destacarse de nuevo el carácter reiterativo del proceso de budgeting y la centralización que la negociación entre las distintas áreas y los distintos niveles jerárquicos asumen en tal proceso.

Los términos *top-down y bottom-up* determinan por lo tanto el punto de partida del proceso de budgeting y, por consiguiente, si el papel de promotor del mismo corresponde a la dirección o a niveles inferiores de la estructura de organización.

En cuanto a las ventajas y desventajas que conlleva cada una de estas orientaciones, se puede afirmar que la orientación *top-down* encuentra sus mejores éxitos en las empresas administradas por un número limitado de personas que requieren una serie de informaciones limitadas o fácilmente posibles de hallar, por lo que es claramente atribuible a la dirección de la estructura.

En esos casos, una gestión centralizada del budgeting resulta particularmente eficaz y puede garantizar que los objetivos estratégicos se concreten en los target señalados en los niveles inferiores.

Por el contrario, en las empresas donde los mandos intermedios son muchos y las informaciones necesarias para la gestión requieren una presencia más constante y «periférica», es preferible la orientación *bottom-up*. La principal ventaja de esta orientación radica en realidad en su capacidad de hacer hincapié en la específica «competencia empresarial» de cada área, que consiste en recoger lo mejor de las oportunidades que se presenten en la empresa y descubrir los aspectos que deben tenerse en cuenta.

En efecto, el responsable comercial es el que normalmente conoce el mercado y puede identificar las vías más prometedoras y las actuaciones de acción promocional más eficaces; es evidente que existe una consideración análoga para el responsable de producción, que posee un conocimiento profundo de los «secretos» de las máquinas y de las problemáticas de fábrica que influyen de forma inevitable en la productividad.

De hecho, se trata de múltiples pequeñas informaciones, de detalles, de datos de experiencias que difícilmente son patrimonio de los dirigentes de la organización.

Los límites de la orientación *bottom-up* se encuentran, por otra parte, en el riesgo de que se formulen por parte de áreas y distintos niveles target incongruentes y quizás incompatibles entre sí.

Por último debe subrayarse que situaciones concretas pueden inclinar la balanza de modo determinante a favor de una u otra orientación. Allí donde exista la necesidad de una reconversión estratégica radical de la empresa, que deba llevarse a cabo en un breve periodo de tiempo, la elección de la orientación *top-down*, más impositiva en sus contenidos y vinculante en sus efectos, está sustancialmente obligada.

La perspectiva del comportamiento

La tercera perspectiva de análisis del proceso de budgeting es, sin lugar a dudas, la más compleja, pero también la que más profundamente favorece y determina el cambio que desea promover el proceso de budgeting.

Es la más compleja, puesto que hace referencia a los aspectos intangibles a los que la gestión de la empresa, a menudo sin saberlo, debe enfrentarse, como son los comportamientos y valores. Por otra parte, es la perspectiva más significativa para el cambio, ya que ninguna intervención de la programación, de la que el budget es la expresión «física», nunca podrá tener éxito si no se da un cambio en la cultura empresarial.

Veamos pues a través de qué mecanismos la introducción de la herramienta presupuestaria en el interior de la empresa determina esta «revolución cultural».

El budgeting como diálogo entre las áreas

En primer lugar, un importante elemento de cambio, determinado por el proceso de construcción del budget, está representado por el «diálogo forzoso» entre las distintas áreas que requiere dicho proceso. Las reuniones internas realizadas para definir el budget constituyen, en muchas empresas, los únicos momentos oficiales en los que los responsables de cada área deben encontrarse en una estrecha confrontación empresarial, regida por la autorizada presencia «moderadora» del dueño o de algún miembro de la alta dirección.

En muchas, demasiadas, empresas, los distintos departamentos tienden a actuar «como en departamentos estancos», a considerar sólo sus propios objetivos específicos y problemas. La relación con las demás funciones se vive así, con frecuencia, de modo conflictivo y las ocasiones de contacto, impuestas por la cotidianidad, pueden ser fuente de discusiones y disputas.

De ese modo se instaura de forma inevitable una cultura de la contraposición —por la que las demás áreas se ven casi como enemigas— que termina, si no se corrige a tiempo, siendo un perjuicio para la cohesión empresarial. Es casi superfluo recordar la tradicional rivalidad entre áreas comerciales y de producción, entre áreas administrativas y áreas comerciales, etc.

Esas rivalidades deben corregirse y la definición del budget representa el momento idóneo para intentar reconciliar las distintas posiciones, con motivo de una obligación común y coordinada, enfocada al desarrollo de la empresa. Las reuniones del budget favorecen el conocimiento entre las distintas áreas, y ayudan a cada una a entender los problemas y las razones de las demás.

El responsable comercial, a menudo acusado por el área de producción de no saber decir que no al cliente y defender más los intereses de este que los de la empresa, puede tomar consciencia, al conocer las normas con las que trabaja el responsable de producción y los aspectos importantes a los que debe enfrentarse, que esos problemas no se deben al hastío personal o a una infantil voluntad de «hacer la guerra», sino que derivan objetivamente de las dificultades de su colega de tener que revisar sus propios programas para «ir por delante» de los volubles ánimos del área comercial y que, en cada caso, dichas variaciones acaban siempre perjudicando la productividad (y por lo tanto el coste del producto y los beneficios de la empresa).

Por el contrario, el responsable de producción llegará a entender que el comportamiento del departamento comercial deriva de la objetiva dificultad de vender ante una competencia siempre más despiadada, y que esos mutables ánimos no son propios del responsable comercial sino, en última instancia, del mercado.

Sin eliminar completamente las diferencias, la colaboración con motivo del budgeting crea una costumbre de diálogo y de confrontación constructiva entre las distintas áreas, que luego tiende a perdurar incluso con el budget ultimado. Así, esa costumbre se traduce en una especie de cultura interna de la solidaridad que, a pesar de las distintas posiciones, conlleva que en todos los actores implicados predomine el esfuerzo de conciliar las recíprocas exigencias y de «empujar todos a la vez» a la empresa en la dirección deseada.

Allí donde se crea esta cultura resulta mucho más fácil hacer congruentes los target marcados y los programas elaborados por cada área, así como su armónica composición a escala empresarial. Igualmente la fase de negociación tiende a vaciarse de contenidos de acritud, favoreciendo la distribución de los recursos entre las distintas áreas y respetando las exigencias específicas de cada una.

Finalmente, es importante destacar que la coordinación y el diálogo entre las áreas pueden ser el resultado de distintas aproximaciones en el budgeting. En efecto, puede suceder que, antes de arrancar el proceso, la dirección reúna a los distintos actores y declare explícitamente su confianza respecto a una actitud colaboradora de los mismos (coordinación explícita). O bien puede suceder que se arranque el proceso de construcción del budget sin posiciones declaradas oficialmente y, a través de una gestión dirigida del mismo, se induzca a las distintas áreas a dialogar (coordinación implícita).

Cuál de las dos aproximaciones es preferible depende de infinidad de factores —el estado de las relaciones entre las áreas (deterioro, indiferencia, serenidad, etc.), el origen de eventuales «rivalidades» internas, la necesidad de llegar a la resolución del budget en tiempos breves, etc.—, ante los que es preciso valorar si es conveniente actuar con fuerza o adoptar una solución más blanda.

Budgeting y motivaciones ante los objetivos

La determinación de objetivos y target constituye el segundo elemento fundamental de innovación introducido por el budgeting. Ante todo, porque el hecho de comunicar abiertamente los objetivos estratégicos favorece la difusión y la asimilación de tales objetivos por parte de la estructura organizativa. No se infravalora por lo tanto la importancia de una adecuada y eficaz información que determina en los responsables internos una especie de «adhesión espiritual» a los objetivos indicados y no sólo un consenso formal. Eso crea en la estructura organizativa una situación de particular *compromiso* —utilizando un término en boga en el mundo anglosajón—: de hecho es mucho más agradable actuar allí donde está claro lo que el dueño o la alta dirección espera, y no se está obligado a proceder sin saber si se encamina en la justa dirección.

En segundo lugar, tener como referencia un objetivo claro y no inmediato induce a no considerar sólo los problemas de hoy o de mañana, y lleva a ampliar el horizonte de la propia actividad en función de un objetivo a medio plazo. De ese modo tiene lugar un rápido cambio de los estilos de dirección consolidados y su adecuación a esquemas más dinámicos y «orientados al futuro».

La documentación de las áreas críticas

El budget no debe nunca constituir un documento final en sí mismo: su principal finalidad es proporcionar los «términos de referencia» respecto a los que se puedan valorar los resultados efectivos documentados en el balance y cotejados con las previsiones formuladas. Precisamente, el control de los valores del budget, llamado justamente control presupuestario, es la actividad que «cierra el círculo», y confiere validez a todos los esfuerzos realizados; sobre este punto, no obstante, volveremos más adelante.

Si no se realiza un control minucioso y diligente *a posteriori*, el budget no sirve para nada: carece completamente de eficacia. Su confrontación con los distintos valores de budget y los correspondientes valores documentados en el balance permite poner de relieve, normalmente una vez al mes, las eventuales diferencias.

Allí donde las diferencias documentadas tienen consistencia, se ponen en evidencia las áreas críticas de la gestión empresarial, en las que es necesario llevar a cabo las debidas profundizaciones y, si es preciso, adoptar las oportunas acciones de intervención. El control concreto de los resultados consiste, por lo tanto, en descubrir puntualmente los problemas, interrogarse sobre las causas de los modestos resultados obtenidos y, en definitiva, decidir cuál es el mejor camino que se debe seguir. Si, por ejemplo, el responsable comercial se da cuenta al cabo de tres meses de iniciarse el ejercicio de que las ventas de un cierto producto en un área determinada están muy por debajo de los valores programados, podría comprobar rápidamente si las diferencias descubiertas son imputables a los modestos resultados de la red de venta en el área en cuestión, a una peculiaridad del área que puede provocar la disminución de la demanda del producto afectado, a errores de estimación en el budget (siempre posibles) o a otras causas. Según los casos —la consideración de ulteriores detalles, que estarán disponibles gracias al control presupuestario, puede tener una importancia determinante—, el responsable decidirá si convoca de inmediato a vendedores y agentes, si actúa con iniciativas particulares para sostener la demanda, o si solicita al dueño o a la alta dirección que se revise la estimación formulada u otros aspectos.

En definitiva, se puede afirmar que, sin budget, no existe ningún control, y sin control, no existe la posibilidad de obtener una rápida información acerca de los problemas ni tampoco una base para las consiguientes decisiones que deban tomarse.

El cambio, en términos de eficacia, aportado a los estilos de dirección predominantes gracias a la introducción del control presupuestario —que por otra parte significa con frecuencia momentos de desagrado y sufrimiento—, es muy importante que pueda ser identificado en el momento.

La valoración de las prestaciones empresariales

El control presupuestario representa por otra parte un potente instrumento de evaluación de las prestaciones (o resultados) de la estructura organizativa del que se sirve la empresa. Si en el ejemplo presentado en el párrafo anterior, ocurriera en algún momento que los modestos resultados de venta deben atribuirse a la incapacidad de la estructura de ventas, eso circunscribiría el ámbito organizativo en el que debería actuarse.

En general, el control presupuestario en su función de valoración de las prestaciones tiene dos consecuencias fundamentales para la gestión empresarial. La primera consecuencia se refiere al que sufre el control —en el ejemplo, los vendedores—, que tiende normalmente a incrementar sus propios esfuerzos para lograr los target marcados (aumento de la motivación para con los objetivos programados). En ese sentido, es muy importante que los criterios y el método de evaluación —representados respectivamente por los target marcados y por el grado de consecución del balance final— estén claros y disipen las dudas de los juicios basados en sensaciones epidérmicas del superior inmediato o en simpatías y antipatías personales.

La segunda consecuencia afecta al que ejerce el control, que tiene la posibilidad de poner en evidencia, a través de proyecciones bien establecidas y mantenidas con constancia, la persona que está «marcando el paso» en el interior de la estructura.

El crecimiento profesional de los recursos

Como síntesis y coronación de cuanto se ha expuesto en los puntos precedentes, se puede afirmar que la introducción de la lógica presupuestaria en una empresa genera un proceso de crecimiento profesional de los recursos que actúan en ella, en particular de los que revisten papeles directivos.

Ante todo, la participación —directa o incluso indirecta— en el proceso de construcción del budget y la costumbre de una lectura y una interpretación atentas del mismo permiten a los recursos internos la adquisición de conocimientos sobre la empresa, sobre sus mecanismos de funcionamiento, sus puntos fuertes y débiles, y la transmisión y recepción de informaciones, que se comparten con sus propios colegas, pertenecientes o no a su misma área funcional.

De ese modo, se atribuye al budget una importantísima función de formación de los recursos que permite que se conozca mucho más la empresa de lo que se conocería a través de otras vías.

El budget ejerce un papel de herramienta de aprendizaje de la organización, y favorece, en particular, la cohesión «cultural» interna y la unidad de los valores perseguidos.

Por último, el control presupuestario, además de su lógica operativa de confrontación con el balance final, constituye una fuente insustituible de información, de apoyo a la gestión, y ayuda a los que tengan áreas de responsabilidad para decidir rápidamente y del mejor modo posible. Las únicas repercusiones que recaerán sobre la calidad profesional serán única y absolutamente positivas.

En definitiva, se puede afirmar que, con la introducción del budget, ya no quedará nada más —o al menos así debería ser— como antes.

CASO PRÁCTICO
LA CLÍNICA DE SAN ANTONIO DE PADUA
Segunda parte

Ante los objetivos para el quinquenio 1998-2002, enunciados por el doctor Borghetti como la expresión de las expectativas expresadas por la propiedad de la empresa, el mismo doctor Borghetti convocó una reunión con los responsables de la clínica, con los que se estableció la siguiente subdivisión del trabajo para llevar a cabo el budget del ejercicio siguiente:

Número de objetivo	Descripción del objetivo	Responsable delegado	Tiempo propuesta programas y target
1	Valoración y selección proyectos de diferenciación oferta	Dr. Vincenti	1 mes
2	Revisión estructura actual oferta	Dr. Saltarelli	1 mes
3	Exteriorización laboratorio análisis	Dra. Crispini	1 mes

También se confió al contable Finazzi el deber de recoger y elaborar todas las informaciones económicas y financieras, comprobar su validez y coherencia, y cotejarlas con los demás datos relevantes que eventualmente tuviera a su disposición .

Con motivo de la reunión, el doctor Vincenti expuso los resultados de una investigación, dirigida con el apoyo de la empresa Salus Market, en la que se descubrió, en relación con el objetivo 1, la posibilidad de añadir servicios de fitness, *dietética y cuidado del cuerpo a la oferta tradicional de servicios sanitarios, creando una estructura inspirada en la llamada* beauty farm *(institución de belleza).*

En efecto, la investigación llevada a cabo había puesto en evidencia el crecimiento, en esa misma área geográfica, del interés por las clínicas, con estructuras de ese tipo, capaces de proporcionar esos servicios a un nivel cualitativo satisfactorio; por otra parte, el nivel de bienestar económico que caracterizaba la zona en cuestión dejaba entrever, con suficiente seguridad, una gran cantidad de usuarios potenciales, predominantemente constituida por personas de mediana edad, dispuestas a pagar cifras elevadas para disfrutar de dichos servicios.

Para realizar el proyecto, además de la búsqueda de personal especializado (médicos dietistas, esteticistas, fisioterapeutas, etc.) y un inteligente aprovechamiento de las sinergias, era necesaria la adquisición de una estructura cubierta dotada de piscina y completada con todos los espacios accesorios, vestuarios, gimnasio, etc., donde se pudieran desarrollar actividades esenciales para dicho servicio, como gimnasia aeróbica, gimnasia en el agua y otros.

Ya se había encontrado un edificio de quince años, a pocos kilómetros de distancia de la clínica, propiedad de la administración provincial, dotado de una piscina de 25 metros más otros 2.000 metros cuadrados de espacio cubierto, aunque para reformar. El precio solicitado por los propietarios se situaba en torno a los 500 millones de pesetas al que debían añadírsele cerca de 50 millones para las obras de reestructuración y para la puesta a punto de las instalaciones.

El contable Finazzi había estimado en cerca de tres años y medio el pay back return *(periodo de recuperación) de la inversión; la cobertura financiera se hubiera podido realizar, a costes relativamente contenidos, mediante una operación de leasing inmobiliario. Terminada la exposición del doctor Vincenti, tomó la palabra el doctor Saltarelli que, respecto al objetivo 2, declaró que todos los análisis y cálculos realizados con el apoyo del contable Finazzi confirmaban la necesidad de cerrar rápidamente el área de oncología, ya que, aunque representaba la historia de la propia clínica, no ofrecía una rentabilidad satisfactoria y, por lo tanto, no era sostenible; en esa sección se había producido durante años la progresiva merma cualitativa del perfil profesional del personal médico, lo que había ensombrecido la imagen de la clínica en ese sector.*

En cuanto a las repercusiones de esa elección, existía la posibilidad de transferir una parte del personal paramédico a otros secciones, mientras que, con las personas reubicables y sobre todo con el personal médico, se hacía necesario definir los incentivos para su salida y jubilación anticipada, estimada por el contable Finazzi en unos 80 millones. En cuanto a las demás secciones, la de geriatría, dedicada a pacientes autosuficientes, mostraba niveles de rendimientos de breakeven *(punto crítico), y se trataba de comprobar la posibilidad de aumentar las tarifas aplicadas, incrementando la rentabilidad de las prestaciones ofrecidas. Finalmente, a juicio del doctor*

Saltarelli, la sección de obstetricia y ginecología presentaba buenas perspectivas, aunque necesitaba, una reestructuración y una ampliación completa. En ese sentido, podría ocupar una parte de los espacios utilizados por la sección de oncología que estaba previsto cerrar.

Tras esas reformas, que requerirían cerca de un año de obras con un gasto de casi 130 millones, la clínica podría ofrecer nuevas técnicas de asistencia al parto (como el parto en el agua y el parto indoloro, epidural) junto con los tradicionales ya aplicados, y ofrecer a las nuevas madres un periodo de cama posparto más confortable en habitaciones de dos camas o individuales, con la posibilidad de permanecer en la clínica unos días. El aumento de los usuarios en ese sector, teniendo en cuenta la rigidez del cercano hospital público respecto a las nuevas técnicas, se consideraba muy prometedor y habría permitido, a partir de 1999, conseguir niveles de facturación vecinos o superiores a los 700 millones de pesetas con una rentabilidad neta próxima al 10 % (con recuperación de la inversión en dos años). Como conclusión de la reunión, la doctora Crispini presentó una rápida actualización respecto al proyecto de apoyarse en una estructura externa para el laboratorio de análisis, informando de que se habían establecido las líneas directrices del acuerdo con técnicos y personal cualificado.

Un requisito preliminar para lograr cerrar el acuerdo dentro de los primeros meses del año siguiente era la disponibilidad de la clínica a la cesión, con valores rentables del balance, de maquinaria y equipos, por los que la misma clínica habría proporcionado la asistencia necesaria en la definición de un contrato de leasing, y el apoyo del coste de alquiler del edificio que debía alojar la nueva estructura durante todo el primer año de actividad.

Todo eso habría limitado el beneficio de cuenta económica de la operación del laboratorio para el ejercicio siguiente a poco menos de 10 millones frente a un beneficio alcanzado «en régimen» en torno a los 32 millones anuales.

El doctor Borghetti, tras tomar nota de los distintos programas, solicitó que el contable Finazzi le entregara toda la documentación, y acordó con los responsables la fecha de la siguiente reunión, donde, tras sus reflexiones, anunció que se había comprometido en las obligaciones de gasto requeridas, que ascendían todas juntas a más de 1.000 millones, y que, por lo tanto, debía «limar».

COMENTARIO DEL CASO

Las líneas expuestas antes son un caso típico de arranque de budgeting, conducido con el estilo participativo y con la modalidad bottom-up. *La obligación de elaborar programas de acción coherentes con los objetivos estratégicos indicados se confió a los propios responsables con el apoyo del área administrativa, aunque los propietarios tuvieran que determinar quién debía hacerse cargo de los problemas, en qué periodos de tiempo y con qué horizontes de referencia (los objetivos enunciados).*

En el desarrollo del mismo programa, cada actor implicado intenta indicar los target de referencia (de facturación, de rentabilidad, etc.) y, sobre todo, cuantificar la importancia de los gastos que deben sostenerse, lo que constituirá el objeto principal de la siguiente fase de negociación.

Por último, con el perfil de los comportamientos y del crecimiento profesional de los «protagonistas», es evidente que la motivación por los objetivos los lleva a comportarse como empresarios, sugiriendo posibles soluciones a los problemas descubiertos; por otra parte, el hecho de «sentarse juntos» en la mesa permite a cada actor aumentar sus conocimientos acerca de la empresa e identificarse mejor con una lógica de intereses comunes que tenga en cuenta los distintos puntos de vista, y no sólo el propio.

CAPÍTULO 3

El budget de base cero

Antes de seguir los distintos pasos que caracterizan el nacimiento de un budget empresarial, es necesario detenerse un momento para ilustrar una aproximación metodológica que ha conocido un éxito significativo en los últimos años, y se ha colocado como «alternativa» al método tradicional que constituirá el objeto de los sucesivos capítulos.

Premisa

Cada empresa tiene su propia historia, donde la palabra *historia* indica principalmente el origen y los acontecimientos que han caracterizado su desarrollo. La historia de una empresa recibe directamente la influencia del medio donde actúa, como ya se ha puesto en relieve tratando el proceso de planificación estratégica.

Ambiente e historia —además de, obviamente, la visión empresarial y estratégica de la cumbre empresarial— han llevado a la empresa a estructurarse de modo que pueda responder al máximo a los desafíos competitivos más relevantes, así como a las más simples exigencias operativas. Por consiguiente, han nacido en el tiempo distintas áreas dedicadas a la gestión de funciones de actividad específicas, que están dotadas de instalaciones y personal con el fin de desarrollar con eficacia el deber que les es confiado.

La complejidad de la estructura organizativa de una empresa está, por otra parte, estrechamente relacionada con las dimensiones y el éxito que esta ha conocido durante su historia. En las pequeñas y medianas empresas es fácil encontrar áreas que absorben al mismo tiempo deberes y actividades que, en la realidad de empresas de mayores dimensiones, están asignadas a distintas divisiones (por ejemplo, comercial y marketing, administración y control de gestión). En las empresas de pequeñas dimensiones, además, las mismas actividades las desarrollan personas únicas —si no una sola persona— por lo que más que de áreas sería correcto hablar de papeles de organización.

Cualquiera que sea la complejidad estructural, la historia y el ambiente con los que deba confrontarse, una empresa incluye precisos elementos distintivos, así como una persona está caracterizada por una identidad personal y por rasgos somáticos y de comportamiento reconocibles, por unas experiencias de vida bien definidas, y así sucesivamente.

El budget de base cero y la nueva proyección de la empresa

Cuando la empresa se enfrenta a la definición de budget, tiende a estar fuertemente condicionada por su historia y a actuar con sus propias valoraciones teniendo como principal referencia la estructura de organización. Es muy habitual la tendencia a mirar el pasado y el presente, inclinación que este método de budget de base cero se propone superar. El budget es de hecho un instrumento que favorece el cambio y el desarrollo de la empresa y sólo es preciso pensar en el futuro en el momento en que se planifica e introduce operativamente en una determinada área empresarial. En otros términos, no existe nada en una empresa que sea inmutable, pero, por el contrario, debe cambiarse rápidamente todo lo que consiga mejorar la eficiencia de la empresa y, por lo tanto, su competitividad.

La cuestión básica del método del budget de base cero es el siguiente:

---

para construir un budget eficaz es preciso hacer tabla rasa y proyectar completamente de nuevo la empresa y su funcionamiento.

Las costumbres de trabajo consolidadas son un obstáculo al cambio, ya que favorecen actuaciones de tipo conservador. A menudo se oye afirmar en reuniones de budgeting que es preciso actuar de un modo determinado porque «siempre se ha hecho así». Esta constatación, no obstante, no es por sí misma sinónima de solución eficaz o no excluye que existan sistemas para lograr los mismos resultados a costes más reducidos, para mejorar la eficacia operativa.

En todas las empresas existen reglas y costumbres de trabajo que se han consolidado con el tiempo, hasta el punto de «convertirse en leyes», poco susceptibles por lo tanto de discusión o crítica. La defensa a ultranza de esas reglas y costumbres tiende, con mucha frecuencia, a perdurar incluso en los casos en los que las experiencias vividas en otros sectores o sufridas por empresas de la competencia demuestran de modo inequívoco que las soluciones alternativas no solamente son posibles, sino convenientes.

Análogas consideraciones sirven para los recursos humanos y tecnológicos. En efecto, es normal que muchos responsables de departamentos estén convencidos de que, sin determinadas personas o sin el apoyo de instalaciones o equipos, no es posible para la empresa seguir actuando con eficacia. Por consiguiente, es extremadamente difícil que lo hagan ellos mismos, aunque sea sólo considerar hipótesis alternativas que prevean por ejemplo el apoyo de profesionales externos o el establecimiento de disposiciones tecnológicas y organizaciones distintas.

Está claro que la propensión (o la resistencia) al cambio representa una actitud de carácter y cultura propios del empresario o de los mismos responsables funcionales. Por otra parte, es evidente que, para quien actúa desde hace muchos años en una empresa donde ha compartido éxitos y dificultades, la consideración de hipótesis y soluciones innovadoras que modifiquen significativamente los planteamientos tradicionales está muy lejos de una actitud natural, y que requiere ser ayudado o incluso forzado.

Esta es la característica fundamental del método del budget de base cero, que no deja a la actitud o la inclinación de las personas la elección de adoptar los planteamientos menos innovadores en el proceso de budgeting, sino que obliga a pensar de nuevo y completamente la empresa y sus modalidades operativas, volviéndolas a proyectar desde los mismos cimientos.

Las modalidades operativas

En términos operativos, el proceso de definición de un budget de base cero no se diferencia significativamente del tradicional. De hecho arranca de los éxitos del proceso de planificación estratégica, y requiere una implicación preliminar de las áreas internas que deben elaborar sus correspondientes programas de actuación así como el budget parcial que, oportunamente consolidados e integrados por valoraciones de carácter patrimonial y financiero, conduzcan al resultado final.

Mientras tanto, siguen siendo válidas todas las consideraciones realizadas sobre el estilo y la aproximación al budgeting y, por lo tanto, sobre la elección de actores y de su grado de implicación.

El verdadero elemento, fundamental, de diferenciación es, en cierto modo, de carácter filosófico, ya que estudia las distintas mentalidades con las que se han desarrollado las distintas fases que conducen a la redacción del budget; se llevan a cabo las mismas cosas, pero de un modo completamente distinto.

Según la lógica tradicional, la estructura organizativa y las costumbres operativas, los rendimientos, costes y resultados registrados en los ejercicios precedentes representan las referencias fundamentales, el punto de partida desde el que arranca el budgeting. En la construcción de un budget de base cero, en cambio, no es válida ninguna referencia; todas las elecciones de inversión y de organización realizadas en el pasado deben ser críticamente revisadas a la luz de los objetivos estratégicos indicados. El logro de estos últimos es de gran importancia, o al menos es mucho más significativo que en la aproximación tradicional, sin limitaciones o condiciones en las elecciones realizadas en el pasado, que, por el contrario, deben ser objeto de un profundo replanteamiento, particularmente en el caso en el que las líneas estratégicas adoptadas requieran un cambio drástico o un incremento rápido de la eficiencia operativa.

En la práctica, al formular el budget de base cero se debe razonar y actuar como si se estuviera construyendo el budget de una empresa de nueva constitución, de la que es preciso identificar la estructura organizativa y tecnológica, y las modalidades de actuación y de funcionamiento ideales con el fin de optimizar la eficacia y los resultados económicos. El budget de base cero se convierte, por lo tanto, no solamente en un instrumento de programación de la actividad empresarial, sino también en una oportunidad de proyectar de nuevo la empresa y su fórmula empresarial.

Consideraciones finales

A años luz de su teorización y de sus primeras aplicaciones, el método del budget de base cero mantiene intacta su validez como herramienta de «ruptura con el pasado» y de incentivo al cambio.

En medios siempre más competitivos y en continua evolución, la capacidad de anticiparse o, al menos, de adaptarse al cambio es, de hecho, decisiva para garantizar a la empresa resultados satisfactorios

—incluso su propia supervivencia— durante un largo periodo. Es preciso por consiguiente apartar de la mente los prejuicios y la rigidez, y estar preparados para acoger las innovaciones necesarias, incluso si parecen desnaturalizar convicciones y reglas hasta el momento consolidadas: inclinación al cambio y «creatividad» son, por tanto, valores imprescindibles.

Eso no significa, no obstante, que el budget de base cero suponga soluciones fantasiosas o inspiradas en expectativas completamente utópicas y alejadas de la realidad. Al contrario, debe ser el resultado de una profundización y un cuidado análisis, y del riguroso respeto del método de trabajo que requieren esos budget.

Sin embargo, puede afirmarse que, a pesar de presentar contenidos de gran interés, la técnica del budget de base cero encuentra sus principales límites en el área de la entidad organizativa primaria, a la que se le ha asignado un papel de participación activa en la definición del budget. Las aproximaciones y metodologías de programación y control que se han impuesto en estos últimos años han puesto al descubierto cómo la estructura tradicional por áreas representa tal vez el mayor obstáculo al cambio estratégico y, sobre todo, no permite conseguir niveles óptimos de eficiencia y rentabilidad.

Sin embargo, todo eso no excluye la importancia y la utilidad que un buen budget de base cero puede tener en el objetivo del proceso de mejora de las prestaciones empresariales.

CAPÍTULO 4

El budget comercial

El budget de ventas: el punto de arranque de la cuenta económica preventiva

En la mayoría de las empresas, como ya se ha subrayado, la programación de la actividad a través del budget arranca del análisis del mercado afectado, de la capacidad del mismo para absorber los productos de la empresa y, por lo tanto, de la revisión de los resultados de venta. La segunda fase del proceso de planificación, definida como el análisis del medio, se sostiene, de hecho, en el análisis del mercado —o, mejor dicho, en la demanda que proviene del mercado—, que representa un aspecto fundamental para conseguir los objetivos fijados y que, si es descuidada, puede convertir esos objetivos en completamente utópicos.

La construcción del budget de ventas es el primer paso del proceso de budgeting. En efecto, los objetivos normalmente indicados por el dueño o por la cumbre directiva se traducen en un resultado económico que la empresa —en un esfuerzo coordinado y programado— debe intentar alcanzar. Ese resultado se expresa con un margen, indicado por la contraposición de componentes de renta positivos y negativos, que el budget debe tener en distinta consideración.

Según la práctica habitual, se consideran previamente los componentes de renta positivos, llamados rentabilidad. Lograr el resultado

programado no es otra cosa que conseguir —en el transcurso del periodo examinado— un nivel de rendimiento que refleje el objetivo de renta
prefijado. Ese nivel de rendimiento no puede prescindir de un cuidadoso examen de las actividades de venta, que constituyen la principal
fuente de rendimiento para una empresa. En otros términos, programar
los ingresos significa principalmente programar las ventas.

La construcción del budget nace, por lo tanto, a partir de un encuen-
tro con el responsable comercial, tras el que, con el apoyo informativo
y operativo de la estructura interna y de la red externa, se procede a la
redacción de un programa de ventas coherente con los objetivos estratégicos indicados.

El programa de ventas

Un budget de ventas correcto debe comenzar a partir de las siguientes
tres preguntas, a las que es preciso enfrentarse en el orden indicado.

---

1. ¿Qué vender?
2. ¿Dónde vender?
3. ¿Cómo vender?

Examinemos el significado y el contenido de estas tres preguntas
básicas, proporcionando al mismo tiempo sugerencias e indicaciones
para reconducir, de la forma más eficaz, las respuestas en el ámbito de
un programa de ventas bien hecho.

Las políticas de gestión de los productos

La primera pregunta, «¿qué vender?», lleva inevitablemente a prestar
atención a la noción de venta —entendida genéricamente como componente de renta positivo— de productos o de servicios ofrecidos por la
empresa al mercado.

Determinar los objetivos de venta sin traducirlos en cantidad de productos que deben venderse, resultaría, por otra parte, de escasísima
relevancia para el perfil operativo y, en muchos casos, incluso se apar-
taría de los objetivos de la programación y de la orientación de los comportamientos de la estructura comercial. En realidad, casi nunca la
estrategia de la empresa prescinde del producto que se debe vender, ya
sea porque a diferentes productos se asocian márgenes (y por lo tanto
resultados) diferentes, o bien porque el «empuje» sobre específicos pro-

ductos o clases de productos reviste una importancia central para la actitud competitiva y la posibilidad de desarrollo de la empresa.

Esto pone en evidencia el principal motivo por el que la determinación de un objetivo de venta con su valor, expresado como nivel de ingreso que se pretende conseguir, pueda revelarse peligroso en el perfil estratégico: ese objetivo no tendría en realidad en cuenta el *mix* o composición de los productos vendidos, sino que tendería al contrario a privilegiar sólo la dimensión de volumen (económico) de las propias ventas.

El *mix* representa, en cambio, uno de los principales resortes que caracterizan la política comercial de una empresa, con el que se puede intentar enfrentarse a los mercados de referencia con el fin de obtener los resultados de renta esperados: es por consiguiente una variable fundamental que hay que programar y cuyo curso debe organizarse en el tiempo.

Esencialmente, los productos son las unidades elementales con las que moverse en la definición del budget de ventas y en la determinación de los objetivos de los resultados que deben asignarse a la estructura comercial. En ese sentido, puede resultar de gran utilidad un cuadro de análisis como el que se indica a continuación.

Línea A					
	Producto A1	Producto A2	Producto A3	... Producto An	Total línea A
Target					
Línea B					
	Producto B1	Producto B2	Producto B3	... Producto Bn	Total línea B
Target					
Línea C					
	Producto C1	Producto C2	Producto C3	... Producto Cn	Total línea C
Target					
					Total

La subdivisión en líneas de los productos es oportuna si consideramos la respuesta de esta a los contenidos del catálogo y a las lógicas de la oferta comercial.

El target por producto debe expresarse siempre en cantidades y no en valores para neutralizar la incidencia de las políticas de listas de precios y de los descuentos aplicados, que se tendrán en cuenta en la fase siguiente, la de valoración del budget de ventas.

Por último, es evidente que, entre los productos considerados para el budget, no entran sólo los comercializados por la empresa en la fecha de redacción del budget, sino también aquellos productos cuya gama prevé la empresa ampliar durante el periodo examinado.

Las estrategias de penetración comercial

Un elemento extremadamente importante en la programación de las ventas de una empresa es la localización geográfica, que responde a una exigencia muy presente en la planificación estratégica: la llamada penetración comercial.

Una de las exigencias fundamentales de una empresa es aumentar el número de mercados donde estén presentes sus propios productos y consolidar e incrementar esa presencia en mercados ya conquistados.

Es probable que en los mercados donde existe una larga tradición las condiciones competitivas y el estancamiento de la demanda conduzcan a la empresa a apuntar hacia otros países (penetración geográfica) u otros segmentos (penetración del producto o segmento) para garantizar los índices de crecimiento del volumen necesarios para sostener el desarrollo e incluso la propia supervivencia de la empresa.

Entrar en nuevos países o segmentos significa por otra parte invertir cuantiosas cantidades de dinero en inversiones promocionales para adecuar su propia estructura y, sobre todo, para crear desde cero una red comercial. Por consiguiente, es evidente que no es irrelevante —incluso ante un programado incremento de las ventas, coherente con el objetivo económico fijado— conocer dónde se prevé que se realice ese incremento, ya que en función de estas informaciones se valora la conveniencia de las inversiones que deben llevarse a cabo.

Es importante tener en cuenta de que el objetivo de ventas para el periodo considerado sobre cada único producto no cambia pasando de la consideración de «qué vender» a «dónde vender», porque si no se obtendrían datos contradictorios entre sí.

Para terminar, debe subrayarse que la identificación exacta de los mercados de salida es necesaria incluso para la sucesiva valoración del programa de ventas, ya que las políticas de precio, y por consiguiente, los márgenes realizados, sufren de modo muy notable las características propias de los distintos países o segmentos donde se quiere establecer las ventas[9].

9. Es evidente que, en el caso de un área geográfica o de un segmento donde la empresa no estaba, la adopción de políticas de precio agresivas o de iniciativas específicas promocionales que favorezcan su introducción es una práctica bastante usual.

Normalmente se utilizan catálogos y listas de precios diferenciados por países —que tengan en cuenta, más allá del mero aspecto de valoración, la competencia y las características de la demanda local— y por segmento.

El análisis de los canales de comercialización

Un elemento muy importante a la hora de construir un programa de ventas eficaz está representado por el canal de comercialización de los productos.

No es indiferente qué canal debe activarse para cumplir con los target de venta, ni desde el punto de vista operativo, en cuanto a los costes relacionados con la actividad de comercialización en particular, ni desde el punto de vista estratégico, ya que tiene en cuenta la dimensión y la eficacia de la red comercial.

Consideremos el ejemplo de una empresa organizada según un esquema tradicional, con una estructura de ventas interna que actúa vía teléfono y una red de agentes y representantes difundida nacional e internacionalmente. El coste del agente o representante constituiría una carga que podría eliminarse: la programación de las ventas se orientaría por lo tanto a una cuota relevante, y en continua expansión, de ventas directas.

Por otro lado, el coste de la red externa es un clásico ejemplo de coste variable, que se adecua inmediatamente a las variaciones de la demanda respecto al coste fijo, representado por la estructura interna.

La orientación estratégica de la propiedad o de la cumbre directiva podría provocar justo lo contrario de la flexibilización de la estructura de costes de la empresa apostando por el baricentro de la actividad de ventas hacia el exterior[10].

Del programa al budget de ventas

Una vez terminada la redacción del programa de ventas, es necesario traducirlo en valores monetarios, o, en otros términos, transformarlo en un budget de ventas.

---

10. Normalmente, una orientación así surge de numerosos factores, como la calidad de los agentes y representantes actuales respecto a la estructura interna, los contenidos de preparación técnica requeridos por la actividad de venta, que hacen preferible un recurso de derivación interna, etc.

Valoración y elección de los sistemas de precios

Los éxitos de esta transformación dependen necesariamente del precio de los productos que se utilicen para la valoración. No se puede prescindir de la consideración de que el mercado está dispuesto a pagar por los productos ofrecidos y con los precios ofrecidos por la competencia por productos parecidos. Por ello es probable que —al menos en primera instancia— el responsable comercial tienda a valorar su programa utilizando los precios de referencia de los últimos meses.

Sin embargo, aunque es cierto que el contexto externo de referencia es vinculante para escoger los valores que se usarán para establecer el budget, también es cierto que el precio constituye una de las principales bazas del marketing a disposición de la empresa y, por lo tanto, depende de una elección precisa y consciente. Normalmente los precios aplicados son consecuencia de los descuentos reconocidos a la clientela sobre los valores de la lista de precios, descuentos que son a menudo a discreción de la estructura y de la red de ventas, aunque dentro de los límites fijados por el responsable del área de acuerdo con el dueño o la dirección.

Eso no significa que todas las políticas de precios ya hayan sido establecidas, y que su efecto sea cuantificable basándose en la experiencia, aunque podría programarse la introducción en el periodo afectado.

Por ello es necesario tener en cuenta todos estos aspectos para establecer los precios que deben adoptarse y determinar los valores de budget.

La consolidación y la comprobación del budget de ventas

Una vez terminada la fase de valoración, es preciso consolidar los resultados obtenidos para comprobar la coherencia del budget de ventas respecto a los demás objetivos fijados. Como los valores del budget de venta son la expresión de las facturaciones alcanzadas, consolidar el budget de venta significa en la práctica «sumar» entre sí las distintas facturaciones. Para la consolidación se procede de abajo arriba —o, más exactamente, de los datos más detallados a los menos analíticos— en un proceso de síntesis progresiva.

Las facturaciones previstas —para cada producto— por canal de comercialización están consolidadas entre sí para determinar la facturación alcanzada, para un producto, en un área o segmento. Estos a su vez deben ser sumados para determinar las facturaciones totales previstas para los distintos productos comercializados, que son, a su vez, sumados para obtener las facturaciones completas para cada línea de producto; el paso final está constituido por la consolidación de las facturaciones por línea y el consiguiente cálculo de la facturación global prevista.

Llegados a este punto, se puede iniciar la fase de comprobación del budget de ventas respecto a otros objetivos prefijados. Comprobación que procede esta vez de arriba abajo en busca de las posibles incongruencias: en primer lugar, respecto a los macroobjetivos económicos y, en segundo lugar, respecto a cada línea estratégica. Si durante esa comprobación no se descubre ninguna incongruencia, el budget de ventas estará listo para ser oficialmente presentado a los directivos y para confrontarlo a los demás budget funcionales.

La mensualización del budget de ventas

La lógica operativa en la que se basa el control presupuestario prevé que la comprobación de los resultados, en términos de facturación realizada, registrados en el balance final respecto a las previsiones de ventas, tenga lugar cada mes. Por eso no es suficiente determinar cuántas unidades de un producto serán vendidas globalmente en el ejercicio siguiente, sino también cuántas unidades en el mes de enero, cuántas en el mes de febrero y así sucesivamente. Eso complica más la formulación de hipótesis realistas, dada la continua evolución del mercado y la agresividad de la competencia.

Es una opinión difundida entre los encargados de ventas que el curso de la demanda está vinculado a «humores» indescifrables con imprevisibles mermas a veces compensadas por también imprevisibles, e inexplicables, recuperaciones.

No hay duda de que la división mensual del budget de ventas, además de necesaria, introduce un elemento de incertidumbre. ¿Cómo reducir al mínimo esa incertidumbre?

En líneas generales, se puede afirmar que no existen soluciones universales, ya que los criterios de división mensual dependen de las características del medio donde actúa la empresa. En sectores que se distinguen por un fuerte estancamiento de la demanda, por ejemplo, el sector de los juguetes, deberá tenerse en cuenta los picos de temporada y las inevitables mermas.

El análisis de los ejercicios transcurridos —posiblemente no limitado al ejercicio inmediatamente precedente, sino que incluye al menos dos o tres ejercicios— es una práctica muy habitual, y, si se aplica con criterio, de gran eficacia.

Para las empresas que trabajan por encargo y cuyo producto requiere un largo periodo de tiempo antes de estar disponible para su entrega (y por lo tanto antes de ser facturado), el problema puede resultar de menor importancia, al menos durante los primeros meses examinados. La cartera de pedidos, ya comprados, permite determinar con mayor precisión las ventas alcanzadas respecto a la producción en serie o a las empresas que comercializan lo preparado por almacén. En esos casos, normalmente se recurre a la experiencia y a la intuición de la red de ventas, mientras que la utilización de herramientas matemáticas y estadísticas más sofisticadas (medias móviles, análisis de series históricas, previsiones, etc.) permanece en general confinada a las realidades medianas-grandes o muy grandes, dotadas de profesionalidad y herramientas adecuadas.

Del budget de ventas al budget comercial

Tras definir un budget de ventas preciso, con las necesidades de control estratégico predominantes y el máximo detalle en la previsión de la distribución temporal de los resultados, no puede decirse aún que esté agotado el papel del área comercial, aunque a menudo se crea lo contrario.

La actividad comercial en realidad tiene como finalidad primera la generación de ingresos; se podría además afirmar que el área comercial existe sólo en función de su capacidad de crear ingresos. Por lo tanto, es evidente que el papel central asignado a la redacción del budget de ventas como herramienta de programación de ingresos está sobradamente justificado.

No obstante, identificar la actividad comercial con los ingresos —o mejor dicho, la programación de la actividad comercial con la programación de los ingresos— no sería correcto, ya que no se tendrían en consideración los costes sostenidos para lograr los ingresos programados, de los que algunos son generados y, por lo tanto, gestionados y controlados, por el área comercial.

En realidad es muy distinto para una empresa haber alcanzado un determinado nivel de ingresos tras acciones de promoción de un agente —con lo que se reconoce una provisión variable fijada en la medida porcentual y, por consiguiente, normalmente contenida en algún punto— o como resultado del trabajo de un mes del responsable comercial. Los costes absorbidos por la actividad comercial, y en consecuencia, los márgenes de renta de dichos ingresos, son de hecho bastante diferentes.

Básicamente, el área comercial, como todas las demás áreas empresariales, genera costes (o componentes negativos de renta) que le son directamente atribuibles. Se trata por ejemplo de la provisión y de otras formas de retribución reconocidas a agentes y representantes externos, de los costes sostenidos por catálogos y otra documentación de promoción, de los cargos por informaciones sobre la clientela, estudios de mercado, consultas profesionales en el ámbito comercial, etc.

A esos costes, variables, ya que son sensibles al volumen de ingresos realizado, se añaden los costes fijos, relacionados con la estructura comercial de la que dispone la empresa, como, en primer lugar, salarios, retribuciones y otras cargas sociales referidas a los empleados que trabajan en el área, las amortizaciones de las rentas de dotación directa, los automóviles y otros medios, como ordenadores e impresoras, etc.

A los costes fijos de imputación directa se añade por otra parte una cuota (o cuota parte) de los demás costes y gastos generales de la empresa, que, a partir de un criterio de reparto prefijado, se considera que puede aplicarse al área comercial. Operativamente, se trata de atribuir al área comercial una parte de los cánones de ubicación del edificio donde se encuentra la sede de la empresa, más que de los costes de energía eléctrica o calefacción, etc.

Otra tipología de costes que pueden aplicarse a la actividad comercial, aunque se suela hacer recaer la responsabilidad sobre otras áreas funcionales, está representada por los costes de transporte que, sobre todo en España, constituyen un concepto de coste de gran importancia. En efecto, el transporte gratuito de los productos a domicilio constituye, en esos casos, un servicio comercial determinante para la conclusión de una venta y, en otros casos, una elección obligada para poder servir a determinados segmentos del mercado. Si bien las actividades relacionadas con el transporte están operativamente gestionadas por otra área de la organización en el interior de la empresa —llamada quizás expedición, o bien logística— las dinámicas que determinan el total de esos conceptos de costes están siempre reguladas por decisiones de carácter comercial. Un budget comercial no puede llamarse así si no se detiene atentamente en la programación y previsión de los cargos por transporte, generadas por las actividades de venta.

CASO PRÁCTICO
LA EMPRESA TENUTA DEL POGGIO

*En otoño de 1997 el responsable comercial de la empresa viní-
cola Tenuta del Poggio recibió el encargo de la propiedad de la
empresa de que estableciera el budget de ventas para el ejercicio
del año 1998.*

*Ubicada cerca de la capital toscana y actuando de forma
empresarialmente organizada sólo desde los primeros años de la
década de los setenta, la empresa vinícola se enorgullece de sus
más de cien años de experiencia en la vinificación de uvas pre-
ciadas obtenidas en los renombrados viñedos de la hacienda del
Poggio, también propiedad de la empresa.*

*La larga presencia en el mercado y el reconocimiento de la
calidad de los vinos producidos han favorecido la consolidación
de la marca de la empresa y su difusión entre el público de los
«encargados del trabajo» y de los entendidos, siempre en busca
de propuestas particulares y caracterizadas por estándares cualitativos elevadísimos.*

*Hasta el año 1994, la casa comercializaba una única línea
de productos, denominada «Los vinos del Poggio», que com-
prendía unos quince vinos con denominación de origen, por
catálogo, principalmente tintos de mesa.*

*Destinados casi exclusivamente al circuito de enotecas espe-
cializadas, y sólo en partidas extremadamente limitadas a loca-
les de degustación y restaurantes, las ventas se distinguían por
volúmenes numéricamente limitados —en gran parte impuestos
por la reducida capacidad de la hacienda de la propiedad—
y por precios unitarios de los vinos más bien elevados; por otra
parte, a partir de los primeros años de la década de los noventa,
las ventas habían registrado preocupantes señales de merma;
también se había tropezado siempre con una menor disponibilidad por parte de la clientela para sostener los niveles de precios
requeridos.*

*En términos de servicio, como las enotecas estaban con-
centradas predominantemente en la provincia de Florencia,
sede de la empresa, o como máximo en las provincias toscanas
limítrofes, la actividad de comercialización la aseguraba directamente el responsable comercial con el apoyo de un colabora-
dor durante las visitas periódicas efectuadas directamente a
los clientes.*

Los costes de logística habían siempre sido bastante reducidos, al estar limitada la dispersión geográfica de la clientela.

A finales de 1994, tras la propuesta de una ex competencia en dificultades, la Tenuta del Poggui compró una treintena de hectáreas cultivadas con viñedos, con una capacidad (en términos de producción de uva) diez veces superior a la de la hacienda histórica, pero caracterizados por niveles cualitativos mucho más modestos.

Tras la operación, se decidió crear una nueva línea de productos, Los grandes vinos toscanos, destinados a una clientela más amplia y con gustos menos sofisticados, pero, por otra parte, a precios mucho más contenidos. Tras un par de años desde el lanzamiento de la nueva línea, caracterizados por recuperaciones económicas modestas, el responsable comercial cerró un acuerdo con una importante sociedad de gran distribución para proveer a puntos de venta situados en Toscana y Emilia.

A pesar de que la facturación se haya doblado en sólo dos años, el ingreso en el área de la gran distribución ha determinado para la empresa vinícola un sensible incremento de los costes de transporte, dada la obligación de entregar los vinos en un territorio más amplio, y la potenciación de la estructura de ventas, con la consiguiente erosión de los márgenes de renta realizados.

CAPÍTULO 5

El budget de producción

El programa de producción y la gestión de stocks

Una vez terminado el trabajo del responsable comercial y de sus colaboradores, el punto focal del proceso de budgeting se detiene en la producción.

El budget comercial contiene indicaciones relativas a la importancia y a la composición de la facturación prevista para el ejercicio siguiente, recoge todos los elementos y los utiliza para la programación de los componentes positivos de ingresos o rentas. La atención se centra ahora en los componentes de renta negativos, o costes, que interesan sobre todo a la producción.

Cómo satisfacer las exigencias comerciales

A través del budget, el área comercial ha dado implícitamente a conocer al resto de la empresa, y en primer lugar a la producción, «qué es lo que necesita» para poder respetar los programas de venta formulados. En cualquier budget de ventas se presupone que los productos, cuya comercialización está prevista en un determinado mes del año, estén efectivamente disponibles en las cantidades requeridas y en el periodo requerido con el fin de servir los pedidos de los clientes; en el caso contrario, el respeto de los objetivos de venta indicados en el budget estarían necesariamente comprometidos. Se confía al responsable de producción el deber de organizar su propia labor en función de las necesidades expresadas por el área comercial y, en última instancia, por el mercado, y cumplir las oportunas comprobaciones de viabilidad.

Por consiguiente, podría parecer que el programa de producción en cantidades para el periodo examinado fuera sólo una mera transposición en clave productiva de las cantidades indicadas en el programa de ventas.

En otros términos, parecería lógica la equivalencia por la que «tanto debo vender, tanto debo producir». ¡Nada más falso!

El punto débil de este razonamiento consiste en no relacionar los tiempos de las actividades productivas con los del mercado.

El tiempo que necesita la producción varía mucho en función, principalmente, de la complejidad del proceso finalizado al producto final (del ciclo o proceso productivo) y de la complejidad intrínseca del producto en sí. Es evidente que existe una notable diferencia —en términos de tiempo— entre producir un tornillo o un perno y producir un automóvil.

El espectro de variación de los plazos de producción hipotéticos es, por lo tanto, muy amplio, y va desde los pocos minutos a los meses o años.

A los plazos de producción deben sumarse después los plazos de transporte de la mercancía, que pueden ser insignificantes. En efecto, el cliente —y esta tendencia se acentúa cada vez más con el paso de los años— no sólo no tiene tendencia a pactar un aplazamiento de la fecha de entrega, sino que además tiende a exigir del proveedor entregas lo más rápidas posibles para satisfacer a su vez las necesidades de sus propios clientes. La estructura comercial, además de aceptar un pedido y no dejar escapar al cliente, está obligada a aceptar los plazos de entrega deseados[11].

Es evidente que, para poder respetar sin riesgos los plazos de entrega, la producción debe partir «con anticipo» respecto a la fecha de entrega del pedido por la parte comercial, que debe, a su vez, cerrar el trato con la certidumbre de la disponibilidad inmediata de los productos que está vendiendo.

Esta certidumbre se logra en muchas empresas teniendo en el almacén una reserva para cada producto comercializado[12].

11. Esta es una práctica de venta muy difundida y representa un estándar para casi todas las empresas.

12. Consideraciones opuestas se imponen a aquellas realidades empresariales donde predominan lógicas de gestión de la producción del tipo *just in time*, término inglés que podríamos traducir por «justo a tiempo». Esta filosofía de gestión significa principalmente reducir a cero (o muy cerca de cero) los inmovilizados del almacén, produciendo sólo lo que se sirve en el momento en que se sirve.

Es importante destacar que esta elección, como está aparentemente relacionada con valoraciones de carácter comercial, se refleja en el modelo de gestión del área de producción y, por lo tanto, en su valoración de las cantidades que formarán el programa de producción. Si la atención se detiene en los stocks como dato de referencia, atentamente programados y absolutamente mantenidos, es evidente que la producción tiende a organizar las actividades de su propia competencia en función de los niveles del almacén.

Por esta razón, el almacén es el que «guía» la producción, que realiza sus propias elecciones desinteresándose del curso de las ventas y preocupándose sólo de mantener los niveles del almacén requeridos.

Los aspectos de capacidad

La gestión de las actividades de producción no pueden de ningún modo desatender los aspectos a los que están sujetas esas actividades. Existen ante todo aspectos de la capacidad productiva que afectan a la cantidad de productos que la empresa puede producir en un determinado periodo.

Los aspectos de la capacidad derivan naturalmente de la tecnología de la que dispone la empresa y no se pueden superar si no es a través de la adquisición de nuevos equipos o maquinarias o de la potenciación de las ya existentes.

Es importante recordar que raramente los aspectos de la capacidad están en el interior del ciclo productivo, sino que más bien se refieren a fases simples. A menudo las empresas disponen de maquinarias modernísimas de alta producción que están limitadas en su potencialidad por la insuficiente capacidad de otras maquinarias, trabajando cuesta arriba o cuesta abajo (se suelen indicar tales situaciones con el término inglés *bottleneck*, «cuello de botella»).

En cualquier caso, sean aspectos comunes a todo el proceso productivo o específicos de cada fase, si —en una hipótesis extrema— el mercado requiriera imprevisiblemente a la empresa una cantidad tres veces superior de productos, esta no estaría probablemente en condiciones de satisfacer tal demanda, si no fuera a través de la compra a terceros, y una reventa sucesiva de productos análogos a los de su propia producción. Tampoco nuevas inversiones podrían garantizar el incremento de la capacidad productiva, si no hubiese transcurrido un determinado periodo de tiempo.

En conclusión, existe una capacidad productiva máxima, que puede obtenerse con el orden en dotación, que no debe ser descuidada para la definición del programa de producción.

Los aspectos de flexibilidad

De todas las actividades de las que se compone la economía de una empresa, la producción representa sin duda la más rígida: es decir, es la que tiene menor grado de capacidad para adaptarse a modificaciones imprevistas del medio donde actúa la empresa en plazos cortos.

Esa rigidez puede reconducirse ante la imposibilidad de modificar la disposición de las tecnologías de producción, aunque las investigaciones llevadas a cabo en ese sentido hayan permitido limitar notablemente, en las últimas décadas, los aspectos del cambio, gracias sobre todo a la electrónica (a partir de la llegada de las primeras máquinas de control numérico informatizado) y a la creación y desarrollo de islas de trabajo «inteligentes» de alta automatización.

Otra ayuda destacable para lograr una mayor flexibilidad de los procesos productivos llegó con el desarrollo de sistemas de programación y control de la producción, siempre más sofisticados y completamente asistidos por ordenador[13], que conllevan una gestión eficaz de flujos y cargas de máquinas y una consiguiente reducción de los plazos entre una fase y otra.

La búsqueda de flexibilidad induce por otra parte a muchas empresas a revisar completamente la lógica de organización de las actividades de producción, adoptando oportunas metodologías de gestión[14].

En cualquier caso, los progresos de las tecnologías empleadas, la creciente utilización de herramientas informáticas y las metodologías de gestión siempre más sofisticadas no pueden eliminar completamente las dificultades que provoca una variación durante el programa de producción.

La búsqueda de la eficacia

Las consideraciones expuestas más arriba sobre la flexibilidad de los procesos productivos se añaden a lo que se puede considerar el objetivo fundamental del área de producción, y eso significa producir la cantidad de productos requeridos con el mínimo trabajo posible de recursos humanos y tecnológicos, es decir, minimizando los costes. No basta con

13. Es el caso de las metodologías escritas con la sigla CIM (Computer Integrated Manufacturing).

14. Esas metodologías identificadas con la sigla FMS (Flexible Manufacturing System) permiten, en particular, gracias a la gestión independiente de cada fase que constituye el ciclo de producción y al consiguiente alejamiento del foco de gestión del reparto del ciclo a la fase, gestionar con eficacia los cambios de programa, «rompiendo» idealmente el ciclo productivo y personalizando el desarrollo en función.

producir las cantidades necesarias, sino que es preciso considerar también cómo y a qué costes se produce.

Las actividades productivas son estudiadas en busca de la máxima eficacia, donde *con eficacia* se entiende como la expresión y la mesura del informe entre cantidades producidas y costes relativos.

La búsqueda de la eficacia requiere necesariamente de la producción, por una parte, reducir al mínimo los llamados tiempos muertos y, por otra parte, reagrupar las cantidades que deben producirse, de modo que se optimicen las prestaciones de las máquinas y de las líneas en su conjunto.

De hecho, es evidente que cuanto más largo sea el tiempo en que las máquinas permanezcan paradas debido a distintos factores —como el cambio de instalación o la puesta a punto, la falta de materia prima o de los semitransformados a transformar, averías, etc.—, más elevado resultará el coste de cada unidad de producto obtenido; asimismo, cuanto más cuantiosas sean las cantidades producidas como muestras, pruebas y prototipos (por lo tanto, no vendibles) y cuanto más elevada sea la incidencia de eliminaciones y mermas, menores resultarán los resultados en términos de eficacia.

Esta última es, por consiguiente, la resultante de la combinación de numerosos factores atribuibles en última instancia a los dos principios siguientes.

No producir nunca en vacío.
No derrochar tiempo precioso y «costoso».

La posibilidad de producir en una «única vez» mayores cantidades consiste en mejorar sensiblemente la eficacia de los departamentos productivos[15].

La gestión de las dimensiones de las partidas representa una de las principales bazas —si no la principal— a disposición de la producción para conseguir los niveles de eficacia requeridos. En efecto, allí donde la dimensión de las partidas no resultara alineada con criterios de economía, sería inevitable encontrar en el balance final costes de producción muy lejos de los niveles óptimos.

La gestión de las dimensiones de las partidas, finalmente, no es casi nunca independiente; por el contrario, está fuertemente condicionada

---

15. La experiencia de muchas empresas enseña por otra parte que, si la organización de la producción se ha inspirado en criterios de racionalidad, con el consiguiente predominio de partidas de mayores dimensiones, también la incidencia de las detenciones por avería o falta de material tiende a disminuir, dada la mayor eficacia de la programación de la gestión empresarial en su conjunto.

por los datos provenientes del mercado en términos de volumen requeridos y de composición del *mix* de productos requeridos.

La definición de las cantidades del programa de producción

De todo lo expuesto anteriormente surge la idea de cómo la programación de las actividades de producción representa un duro proceso
en busca de un compromiso entre la necesidad de asegurar los niveles
de producción requeridos, los aspectos de capacidad y flexibilidad existentes y la voluntad de lograr un adecuado grado de eficacia.

LA DETERMINACIÓN DE LAS CANTIDADES QUE DEBEN PRODUCIRSE

Consideramos la hipótesis «tradicional» en donde el objetivo prioritario
asignado al área de producción sea el de asegurar constantemente niveles de stocks suficientes para satisfacer la demanda del mercado.

El dato fundamental para determinar las cantidades que deben producirse está representado propiamente en la empresa por la demanda prevista, que a su vez determina lo que se ha sacado del almacén (y por lo tanto
la disminución del nivel de stocks que deben reconstituirse con rapidez).

Si, por consiguiente, el nivel de stock de un determinado producto
considerado «de seguridad» está cerca de las cien unidades y para el
mes siguiente el budget comercial prevé que se venderán cerca de
sesenta unidades, la producción debe programar el «lanzamiento»
cuanto antes de una partida de productos de, al menos, cerca de las
sesenta unidades de producción.

Debe notarse que el correspondiente dato relativo a la demanda
debe ser extraído «mirando hacia delante», con un aviso previo suficiente para permitir la producción con tiempo, de las unidades de producto cuyo consumo se prevé en el periodo de referencia.

Por ello, si para obtener un número determinado de unidades son
necesarios quince días, es preciso que para la estimación de las partidas
que deben producirse se tome como referencia las ventas previstas para
el mes siguiente.

Eso es válido en la hipótesis de que el nivel del stock de seguridad
para el producto afectado sea considerado un valor constante en el
transcurso del tiempo: en ese caso, las cantidades que deben producirse
coinciden con las cantidades indicadas en el budget de ventas y alcanzadas para el periodo inmediatamente sucesivo. Esta es, no obstante,
una hipótesis bastante remota, ya que presupone una línea de demanda
constante, poco sujeta a la variabilidad o picos de temporada.

Las cien unidades de stock del ejemplo pueden ser consideradas muchas o pocas según la variabilidad a la que esté sujeta la demanda en los distintos meses del año. Por consiguiente, la práctica más difundida es tener niveles de stocks de seguridad cercanos a un cierto factor porcentual de la variabilidad a la que esté sujeta la demanda del producto en cuestión, factor que puede variarse oportunamente en el transcurso del ejercicio al tener en cuenta las variaciones de temporada y las informaciones añadidas que lleven a adoptar un planteamiento más o menos cauto en la cuantificación de los niveles de stocks deseados.

En esta hipótesis, los datos correspondientes a las cantidades que hay que producir, que insertar en el budget de las áreas, además de conformarse con el nivel requerido por la demanda, deben tener en cuenta las variaciones programadas por el nivel de stock de seguridad.

LA COMPROBACIÓN DE LAS CANTIDADES QUE HAY QUE PRODUCIR

Una vez determinadas las cantidades que deben producirse es necesario comprobar que sean plenamente coherentes con los aspectos de capacidad y flexibilidad existentes.

Ya se ha demostrado que esos aspectos no son, de ningún modo, modificables en un breve periodo de tiempo y constituyen una seria limitación a la posibilidad de alcanzar las estimaciones reales formuladas.

Debe precisarse en ese sentido que, en la práctica operativa, los eventuales conflictos en términos de no composición con los límites existentes de capacidad de producción de las instalaciones de las que dispone la empresa, no afectan normalmente a un único producto, sino más bien a la posibilidad de obtener en el plazo de tiempo indicado la cantidad global prevista por el plan de producción.

Por ejemplo, un objetivo para el mes de febrero cercano a las cien unidades de un determinado producto es muy probable que no cree particulares problemas. Si, no obstante, para el mismo mes, el programa de producción previera el mismo objetivo de producción (cien unidades) para otros cincuenta productos de la gama comercializada, podrían surgir dudas sobre la posibilidad de sostener el objetivo global de 5.100 unidades, que debe comprobarse atentamente con el fin de confirmar su coherencia con los aspectos de capacidad del equipo afectado.

Los aspectos de flexibilidad tienen la dificultad, y quizá la imposibilidad, de los equipos y las maquinarias de adaptarse con la necesaria «agilidad» a los continuos cambios de la tipología productiva que requiere el mercado (y que el budget de producción tiende a respetar).

A propósito de la flexibilidad, la variable crítica está constituida por el tiempo y no, como en el caso descrito anteriormente, por la cantidad máxima que puede producirse. Cada maquinaria puede modificarse para adaptarse a las distintas tipologías productivas propias de la empresa: el problema es que cada modificación requiere tiempo, a menudo mucho tiempo, y reduce drásticamente la productividad de la maquinaria afectada.

Se puede entender que el target de producción por programa, aunque aceptable teóricamente en términos de cantidades, o cuanto menos no en contraposición con el aspecto de capacidad productiva de la maquinaria afectada, no pueda perseguirse en la práctica, dado el excesivo fraccionamiento de partidas productivas y el número excesivo de horas gastadas para acondicionamientos y puestas a punto[16].

El fraccionamiento de las partidas o los límites de la capacidad deben por último ser valorados en relación con la dimensión más importante para una buena gestión de las actividades de producción: la búsqueda de la eficacia.

LA COMPROBACIÓN DE LAS CANTIDADES Y LA MEJORA DE LA EFICACIA PRODUCTIVA

Los aspectos expuestos con anterioridad, ejercen, en definitiva, una función de filtro de los valores del programa de producción, en el sentido de que pueden excluir las estimaciones poco realistas al ser poco conciliables con la capacidad tecnológica de la empresa. No se ha previsto completamente que las cantidades que han superado con éxito el «filtraje» sean satisfactorias desde el punto de vista de la mejora de la eficacia.

Se ha dicho que tal mejora puede lograrse sólo a través de un planteamiento y de una programación de las actividades productivas, orientadas a exprimir al máximo las prestaciones de los recursos disponibles, humanos y tecnológicos. El fraccionamiento de las partidas previsto por el programa, como no es conciliable desde el punto de vista de la flexibilidad de las instalaciones, puede, no obstante, resultar extremadamente sancionador y requerir que se consideren hipótesis alternativas. Asimismo, en una lógica de programación de la producción donde la determinación de las cantidades está guiada por la disminución del nivel de stocks, esas cantidades deben necesariamente coincidir con las disminuciones reales, pero pueden ser oportunamente variadas, por lo general aumentadas, siempre que estos ajustes signifiquen mejoras en las prestaciones, gracias al aprovechamiento de destacables sinergias y economías a escala.

16. En otros términos, el porcentaje de tiempo útil, durante el que efectivamente la maquinaria ejerce su función productiva, es demasiado limitado (datos y parámetros de productividad unitaria) para alcanzar el target fijado.

Del programa al budget de producción: la determinación de los costes del producto

Una vez completadas escrupulosamente las fases descritas con anterioridad, el responsable de producción ha establecido por fin su propio programa *por cantidades* para el ejercicio siguiente. Se trata ahora de calcular los costes que la empresa deberá sostener ante las producciones programadas: es decir, valorar el budget de producción.

El carácter relativo y convencional de las informaciones de coste

De este modo, se introduce la cuestión de la determinación del coste del producto, que, por su amplitud, representa por sí mismo un aspecto en el extenso corpus metodológico del control de la gestión. Sin tener la presunción —por otra parte totalmente ilógica— de agotar en pocas líneas una temática tan amplia, se quiere proporcionar los principales elementos de aproximación al cálculo de los costes de producción.

En primer lugar es preciso subrayar que no existe un coste de un producto universalmente válido. Existen más bien varias configuraciones de coste del producto o distintos modos de calcularlo. Esas configuraciones varían, en particular, en función de la finalidad con la que se realiza el cálculo o el contexto específico en el que la información del coste encuentra su posición.

Si la finalidad es la de establecer el precio que debe asignarse a un producto a partir de un margen predefinido de beneficios, el procedimiento de cálculo del coste del producto en cuestión debe tomar en consideración todos los componentes de renta negativa conectados de algún modo con el propio producto.

Por consiguiente, el coste del producto no sólo lo forman los costes y los cargos sostenidos por los procesos productivos y por la sucesiva comercialización del producto, sino también todos los gastos generales y los costes de estructura que, indirectamente y por cuota, gravan en parte dicho producto.

La lógica expuesta en las líneas superiores —que se basa en la inclusión «omnicomprensiva» de los distintos componentes de renta que forman la economía de la empresa para calcular el coste del producto— se fundamenta en la aproximación de cálculo llamado «método de costes plenos».

Dado que la información sobre el coste es funcional en la definición de las políticas de precios (o *pricing*) de la empresa, es necesario que el dato de coste utilizado, que, multiplicado por un *mark-up,* determina el precio establecido para el producto, represente la suma de todos los costes, los cargos y los gastos (por lo tanto, también de los gastos generales y estructurales) incidentes en la cuenta económica, garantizando de ese modo el nivel de retribución alcanzado.

En cambio, predominan valoraciones completamente opuestas y lógicas de cálculo de coste muy diferentes, allí donde se quiere calcular lo que cuesta producir un artículo a la empresa. En ese caso se procede a documentar, al máximo, los componentes de coste directamente relacionados (costes directos) con los procesos productivos y los contenidos de servicio propios del producto (como el transporte, cargos comerciales o publicidad específica, etc.), incluso si normalmente la valoración se extiende a cargos y costes, de carácter industrial, relacionados indirectamente con el producto (es lo que sucede con los costes del jefe de oficina, el responsable de producción, así como los costes de limpieza y mantenimiento del establecimiento, etc.).

Está claro que entre las dos configuraciones extremas (costes directos y costes plenos) existe una muy amplia gama de configuraciones intermedias, a las que se da el nombre de costes semiplenos, que se diferencian según el número de componentes considerados en el cálculo.

Por otra parte, cuanto más «se alargue» la configuración en la consideración de los componentes de costes empresariales relacionados —muy lejanos o sin ningún vínculo funcional en absoluto— con el objeto de cálculo (producto), más amplio será el recurso a convenciones para conocer la absorción por parte del propio producto de esos componentes, en general de carácter general y estructural.

Por esta razón, es necesario aclarar siempre de qué coste se trata (coste directo, coste semipleno, coste pleno) y tener asimismo bien presente que un coste es un dato relativo, que depende en gran medida de convenciones discrecionales adoptadas para su cálculo.

Eso no significa, sin embargo, que un coste bien calculado no represente un elemento de fundamental importancia para conseguir una gestión empresarial eficaz.

La valoración del budget de producción y la configuración del coste del producto

Cerrada esta larga (pero necesaria) digresión, volvamos a la valoración del programa de producción. La óptica de análisis de que el cálculo de los costes se fija previamente en ese contexto coincide obviamente con el segundo aspecto introducido con anterioridad (¿cuánto cuesta?).

Por otra parte, como se trata de atribuir valores económicos a un programa de producción, es evidente qué datos deben relevarse para los costes de producción.

Por último, dado que la recogida de esos datos se inserta en el ámbito del proceso de budgeting más general con una referencia específica a los budget funcionales, esta debe centrarse en los conceptos de coste, bajo el directo control del área examinada —en este caso, la producción— dejando de lado todas las que, en cambio, entraban en la esfera de la competencia de las demás áreas empresariales[17].

La información de costes, necesaria para la valoración del programa de producción, tiene tendencia a configurarse como el coste específico del producto. En otros términos, eso significa que el cálculo del coste se centra en la recogida de los componentes de renta negativos generados por los procesos de transformación productiva y, como máximo, los cargos y gastos generales de la estructura productiva, pero no implica nunca que deban incluirse conceptos ajenos en el área afectada.

Cómo calcular el coste específico del producto

Una vez establecido el coste que se desea calcular, veamos cómo debe efectuarse el proceso. Tomando como ejemplo la realidad de una empresa genérica manufacturera, se puede afirmar, simplificando extremadamente, que para fabricar un producto son necesarios tres componentes fundamentales: la materia prima, la tecnología de producción y la mano de obra. El cálculo del coste del producto procede operativamente de la recogida de los siguientes datos: el coste de cada componente y su sucesiva consolidación.

La recogida de datos sobre el coste de la materia prima no presenta en general dificultades, puesto que existe un vínculo directo, fácilmente calculable, entre la materia prima utilizada en el proceso productivo y el producto obtenido (de ahí la definición de coste directo del producto). Especialmente, la cantidad de materia prima absorbida por el proceso productivo puede deducirse desde la base: un documento que representa una especie de «receta» que contiene los ingredientes necesarios y sus correspondientes cantidades. Una vez apuntadas las cantidades de materia prima, se trata así de valorar oportunamente, mediante el método establecido, las variables en función de la realidad empresarial específica y de las características de los mercados de aprovisionamiento[18].

---

17. De hecho, no debe olvidarse que la eficacia del budget para la programación de la gestión empresarial radica específicamente en su directa «adhesión» al sistema de responsabilidad económica interno de la propia empresa.

18. Los métodos más comúnmente utilizados hacen referencia al último precio de adquisición, al valor medio de los precios de compra de los últimos meses o, allí donde cada partida de materia sea distintamente identificable, al precio específico de compra de la partida considerada.

Más compleja es la documentación del coste de la tecnología productiva. La complejidad deriva del hecho de que, a diferencia de cuanto se ha afirmado antes para la materia prima, no existe un vínculo directo entre esos componentes y el producto. En efecto, es bastante extraño que una línea de producción se dedique a la fabricación de un único producto; por lo general, la misma línea permite a la empresa obtener numerosos y variados productos.

Es válida también una consideración análoga para el tercer componente del coste del producto, la mano de obra, que, a su vez, distribuye su propia actividad en distintas producciones. Se trata de atribuir al producto una cuota de costes completamente sostenidos por la línea de producción y por la retribución de los correspondientes empleados.

¿Cómo puede determinarse esa cuota de forma correcta? La respuesta a esta pregunta permite aclarar mejor en qué punto y de qué modo los elementos de carácter convencional se insertan en el proceso de cálculo del coste del producto. La primera convención es la que implícitamente hemos asumido introduciendo el segundo componente elemental al que hemos llamado (convencionalmente) tecnología productiva. Es evidente en realidad que no encontraremos nunca entre los puestos de cuenta económica de la empresa un concepto llamado tecnología productiva, puesto que esta última es la resultante de la unión de diferentes conceptos elementales, como las cuotas de amortización de las maquinarias en línea, eventuales cánones de leasing referidos a estos, la energía eléctrica para la alimentación de la línea, el material de consumo (aceite u otros lubrificantes, piezas de recambio, etc.) y otros.

Con la introducción del término *tecnología productiva* hemos creado así convencionalmente una especie de «contenedor virtual» donde se han incluido todos los conceptos de coste que se considera que hacen referencia, de modo parecido, al propio producto respecto al objeto de cálculo. Este contenedor virtual representa un típico ejemplo de construcción convencional, llamada en la jerga del control de gestión como el «centro de coste», cuya función primera es la de evitar, gracias a la reagrupación preventiva, que se considere en el cálculo un número demasiado alto de conceptos de coste, allí donde estos últimos están emparentados entre ellos.

Se trata ahora de definir mejor los contenidos de este informe, que vincula el centro de coste al producto.

Este problema puede entenderse mejor teniendo presente que ese informe no es otra cosa que una medida (convencional) del grado de absorción de los costes referentes al centro de coste examinado por parte del producto. Se trata de entender de qué modo un producto absorbe la suma de los costes de la línea y de la mano de obra, o más exactamente, individualizar la base del reparto que debe adoptarse para su cálculo. La asunción (convencional) más común y, podría decirse, que más responde a una lógica de sentido común, hace referencia al tiempo, y en particular, a la relación que existe entre el tiempo dedicado por la línea/mano de obra a la producción del producto en cuestión y el tiempo total en que han trabajado dicha línea y sus correspondientes empleados.

Para esos componentes de coste, como las remuneraciones de la mano de obra, que están relacionados con el tiempo (expresado o no) en su dinámica, esa asunción parece que pueda encontrar una demostración casi «científica»; para otros conceptos, como, por ejemplo, el leasing, la amortización y los materiales de consumo, que dependen menos del tiempo, pero que están más relacionados con fenómenos de desgaste y desuso de las máquinas de la línea, esa asunción parece, en cambio, discutible y no exenta de interpretaciones alternativas.

En definitiva, se puede afirmar que la adopción de bases de sección bien estudiadas, fundamentadas en la recogida de datos de los tiempos de línea —que representa el parámetro de actividad por excelencia— consiste en determinar el coste de los productos afectados con un grado suficiente de certidumbre.

Por último, se puede observar una aproximación operativa diferente en la determinación de los componentes elementales del coste del producto. En el caso de la materia prima se parte de la consideración de las cantidades absorbidas que serán valoradas ulteriormente; en el caso de los costes de la tecnología productiva y de la mano de obra, se determina primero el coste completo de los centros de coste, dato que se consigue realizando la suma de los conceptos elementales implicados, y, sólo posteriormente, se procede a la distribución del mismo al producto.

Los componentes comunes y generales de la estructura productiva en la determinación del coste del producto

Se ha dicho antes que la determinación del coste del producto para la valoración del programa de producción tiene como principal objetivo relevar los datos de los componentes de renta negativos específicos de los procesos productivos internos. Sin embargo, existe un conjunto de costes de particular relevancia que, aunque hacen referencia al área productiva, no son específicos de ningún proceso y por eso no confluyen en ningún centro de coste. Se trata especialmente de costes que, por su naturaleza, son transversales a los distintos procesos así como a los distintos centros de coste, como por ejemplo las retribuciones de la llamada mano de obra indirecta (jefe de oficina o jefe de distribución, manutención, instalador, responsable de fábrica, responsable de producción, etc.). Esta última está representada por los recursos humanos de producción que distribuyen su trabajo entre las distintas líneas sin dedicarse de modo exclusivo a ningunas de ellas.

Por otra parte, aunque la actividad productiva se ejerza en un medio dedicado expresamente a esta (muestras, fábricas, distribuciones, etc.) no se podrá descuidar en el cálculo del coste del producto todos los gastos y los correspondientes cargos, como los eventuales cánones de alquiler, los gastos de manutención y limpieza de la fábrica, etc.

Es evidente que en el momento en el que entran en el cálculo incluso aquellos componentes de coste transversales o de carácter general, el grado de arbitrariedad en su atribución al producto está destinado a aumentar, dada la mayor «distancia» entre estos y el objeto de documentación. Por ello es obvio que no sería ni correcto ni lógico omitir dichos componentes; el consejo de nuevo es identificar con la máxima atención las convenciones idóneas —en términos de bases de sección— basadas en elementos de certidumbre o al menos de verosimilitud, evitando en cualquier caso acercamientos demasiado simplistas o aproximados.

El recurso a bases distintas para los diferentes conceptos de coste a distribuir —los metros cuadrados ocupados por las distintas líneas de producción, puesto que se refiere a los cánones de alquiler y a los gastos de limpieza de la fábrica, el número de recibos de intervención para la retribución del responsable de manutención y del instalador, etc.— puede aumentar sensiblemente la calidad de las estimaciones formuladas.

Se trata en este punto de terminar el trabajo realizado. Es decir, una vez cuantificada la aportación de cada uno de los tres componentes elementales al coste del producto y una vez valorada justamente la cuota de los costes indirectos de cargos y gastos generales que, basados en la hipótesis establecida, atañerá al propio producto, el cálculo puede efectuarse reuniendo los distintos sumandos en un papel pertinente y procediendo a su suma.

Una vez determinado el coste unitario del producto, se puede proceder rápidamente a la valoración del programa de producción. Se trata sólo de llevar a cabo una serie de multiplicaciones banales (cantidad obtenida x coste unitario).

Por último, es preciso seguir con la fase de comprobación analítica del budget de producción que se ha obtenido siguiendo este método: no debe olvidarse que la misión principal asignada a ese budget es programar las actividades empresariales entrantes en esta área funcional en vista a los objetivos estratégicos fijados.

Por ello, no sólo las cantidades del programa sino también los costes unitarios deben conformarse a los objetivos establecidos; desde el punto de vista operativo eso significa que no son tan destacables las cantidades y los costes que se han dado o se dan, sino más bien las cantidades y los costes que deberían basarse en las líneas estratégicas marcadas.

Si la comprobación en cuestión consigue éxitos positivos, el budget de producción podrá ser oficializado; en el caso contrario, será necesario proceder a una nueva revisión.

La mensualización del budget de producción

Cuando se ha completado la elaboración del budget de producción en valores, es necesario mensualizarlo —al igual que se ha descrito este mismo proceso para el budget comercial—, es decir, es necesario distribuir los valores en su contenido a lo largo del periodo tomado como referencia (normalmente un año o ejercicio). Debe precisarse que la actividad de mensualización del budget del área productiva es en la práctica mucho más ágil respecto a lo que se ha descrito para el budget comercial. En efecto, este último guía los plazos de producción, que deben garantizar la producción en las cantidades y los plazos requeridos por el área comercial en función de la demanda (prevista) del mercado.

Las dinámicas temporales del budget de producción siguen a las indicadas por el área comercial, excepto el desfase «anticipado» que necesita la duración de los ciclos productivos.

CAPÍTULO 6

El budget de compras

En su camino hacia atrás a lo largo del ciclo de la economía empresarial ha llegado el momento de analizar los problemas específicos que caracterizan la elaboración del budget de la tercera «gran» área empresarial: el área de compras. Es preciso no obstante ilustrar previamente el significado que, para una empresa, tiene el término «compras».

Si el área de producción, en la construcción de su propio budget, se basa en las valoraciones expresadas por el área comercial para formular sus previsiones sobre los volúmenes de producción previstos para el periodo en cuestión, el área de compras (o aprovisionamiento) trabaja a su vez «tras el tren» del área de producción.

Es evidente que en una correcta gestión es necesario comprar solamente lo que sirve para satisfacer las exigencias de la producción y en la medida en que la producción lo requiera. De ello se deduce que la estructura y cantidad del programa de aprovisionamiento no pueden ser especulaciones de lo que se ha «establecido en el budget» del área de producción.

Se crea así un efecto en cadena —muy notable y bastante importante en la definición del budget empresarial— en el que se basa el hecho de que el trabajo de un área arranca del trabajo del área que la precede en el eje de desarrollo del proceso productivo, en una lógica de correo interno.

La capacidad de recoger el testimonio de otra función, satisfaciendo al máximo sus necesidades, y de preservar al mismo tiempo sus propias prioridades y valoraciones representa el principal banco de pruebas de la validez y eficacia de los programas y los budget de la empresa.

Las lógicas operativas del área de compras

La explosión de las necesidades

Se ha dicho que el área de compras debe organizar su propia actividad en relación con los volúmenes de producción programados. Sin embargo, está bien tener presente que el budget de producción normalmente hace referencia a la cantidad de productos cuya fabricación está prevista en un determinado periodo (por ejemplo un mes) dentro del general abanico temporal que es objeto de consideración.

Una unidad de producto, no obstante, en la óptica del área de compras no es una unidad indistinta, sino que está compuesta por varios materiales y componentes. Cuando la empresa debe aprovisionarse para llevar a cabo con éxito una determinada producción, debe comprar todas las materias y los componentes, quizá muy numerosos, que entran en el proceso de fabricación de dicho producto. Dado que el número de productos de los que la empresa se ocupa en la producción directa es a veces considerable y dado que materias y componentes pueden variar de un producto a otro, es evidente la complejidad de los análisis que el área de compras debe realizar con los datos de producción.

El área de compras debe «seccionar» cada producto cuya fabricación está prevista por el budget y determinar las exigencias de compra directamente conectadas con este. Esa operación es llamada «explosión de las necesidades», donde el término *necesidades* indica las exigencias de aprovisionamiento que deben guiar su actuación en el área de compras.

La explosión de las necesidades se lleva a cabo con la ayuda de las herramientas informáticas pertinentes que hacen referencia a los datos de distinta composición[19] de cada producto considerado.

Por otra parte, debe considerarse que en muchas realidades empresariales, donde la actividad está representada por un montaje de partes y componentes ya listos, la explosión de las necesidades permite arrojar luz a las demandas que deben formularse a los llamados «terceros», es decir, a los denominados externos, a quien se ha dado el encargo de

---

19. Con este término se entiende una especie de receta que indica, para cada unidad de producto, la lista de materias y de componentes necesarios para su fabricación y las correspondientes cantidades.

realizar partes simples o componentes para montar. En ese caso, no se trata de adquirir cualquier cosa, sino más bien de gestionar cada uno, asegurando la coherencia de su comportamiento respecto a los parámetros indicados por producción.

Las partidas de compra económicas

Así pues, ¿son las necesidades, resultado de profundos análisis regidos a partir de los datos de producción, las cantidades que deben insertarse en el budget del área de compras? La respuesta correcta es: no exactamente.

En efecto, un vínculo directo no significa absolutamente una coincidencia plena entre las cantidades programadas: del mismo modo que las cantidades del programa de producción, que derivan estrechamente de los niveles de venta previstos, no son idénticas a las indicadas en el budget comercial.

Para determinar las cantidades del budget, tienen una importancia particular las lógicas seguidas por el área de compras al efectuar sus propios atribuciones. Existen, de hecho, distintos estilos de compra, todos orientados a la optimización de la eficacia de las actividades.

La eficacia de una negociación de compras se calcula a partir de tres parámetros.

AHORRO

Concesión por parte del proveedor de condiciones económicas (de precio) ajustadas al mejor nivel del mercado.

CALIDAD

Respecto a la parte del producto comprado de los estándares cualitativos requeridos.

SERVICIO
Inmediatez y puntualidad de entrega, asistencia y rapidez en la sustitución del material defectuoso, asunción de los cargos de transporte y sustitución, etc.

También es necesario valorar con particular atención las modalidades de pago acordadas en el pedido, teniendo en cuenta la notable importancia que ejercerán en la entidad y la evolución de los flujos financieros empresariales.

La concesión, por parte de los proveedores, de condiciones de precios y modalidades de pago más bien aplazadas está en gran parte subordinada al volumen del pedido. Si se prevé cuantitativo, de modo que el proveedor pueda contar con una cierta regularidad de relación y con un flujo considerable de entradas consistentes y durables en el tiempo, es probable que esté más dispuesto a someterse a las condiciones del cliente, aceptando las condiciones de regulación financiera requeridas. Se puede observar en ese caso que un excesivo fraccionamiento de los volúmenes de aprovisionamiento no favorece el ahorro y la eficacia de las compras realizadas.

Reaparece aquí la lógica de la gestión centrada en la noción de partida mínima (o partida económica), que se revela también fundamental para el área de compras. Esta última tiende a reagrupar las compras para lograr una dimensión mínima del pedido que permita una posición de mayor fuerza en las negociaciones con el proveedor.

No obstante, la búsqueda del máximo ahorro no puede ir absolutamente en perjuicio de una correcta proporción de los stocks del almacén. Análogamente a cuanto se ha subrayado acerca del nivel de los almacenajes de productos acabados y semiacabados, incluso el almacén de materias primas y suplementarias tiene un coste económico y financiero que no puede ser descuidado por el área de compras en la actuación de su propia elección. El mantenimiento del «nivel justo» del almacén competente[20] representa un objetivo prioritario que el área de compras no puede olvidar, so pena de la ineficacia de las actividades ejercidas y la consiguiente disminución de las ventajas económicas obtenidas con la negociación sobre precios.

El volumen de los pedidos de compra y, por consiguiente, también la cantidad a insertar en el correspondiente budget depende de los niveles de almacén necesarios de materias primeras, suplementarias y de consumo cuyo restablecimiento debe asegurarse continuamente.

Para garantizar el mantenimiento de los niveles de almacén señalados, el área de compras disfruta de grandes espacios de autonomía operativa, donde puede variar a su discreción volúmenes y contenidos específicos de los pedidos efectuados y definir las modalidades de gestión del informe con los proveedores conservados más eficaces.

---

20. La definición del «nivel justo» para cada artículo de compra debería por otra parte constituir la síntesis de los presupuestos de producción, expresión de los consumos alcanzados y de los objetivos estratégicos en materia de stocks en el almacén, que condicionan particularmente la cuantificación de los márgenes «de seguridad» que deben respetarse.

Por otra parte, no debe olvidarse que, en la definición de la subdivisión y el volumen de los pedidos de compra, se otorga una gran importancia a los plazos y a los eventuales vínculos de aprovisionamiento asociados a cada producto que hay que comprar. Si, por ejemplo, una determinada materia prima necesita dos meses para ser entregada por parte del proveedor, el área de compras debe programar sus propios pedidos considerando los consumos de producción alcanzados durante los dos o tres meses siguientes, ya que la consideración de un solo mes no permitiría un aprovisionamiento de una materia prima determinada en la medida y en los plazos requeridos.

Por último, en el caso de materias cuya oferta presenta cíclicamente problemas que hacen difícil su aprovisionamiento, es probable que el área de compras tienda a «crear stocks», aumentando el volumen medio de sus propios pedidos, y que los límites de almacenaje tiendan a reducir su valor vinculante.

En conclusión, la definición de las cantidades de compra que deben insertarse en el budget es el resultado de un conjunto complejo de variables de decisiones; así, es normal que dichas cantidades reflejen un compromiso alcanzado entre las distintas partes en juego, incluso si la predominante debiera seguir siendo el logro de los niveles de almacén prefijados.

La valoración del budget de compras

La fase de valoración de las cantidades indicadas en el budget de compras es normalmente menos compleja que la precedente. La referencia a las listas practicadas por los distintos proveedores para cada artículo constituye un dato cierto, y fácilmente localizable, en el que basarse para proceder a la valoración del budget.

Debe subrayarse sin embargo que, al referirse el budget a un periodo de tiempo largo (un año o un ejercicio), no puede descuidarse la variabilidad que históricamente ha caracterizado el precio del artículo considerado. Existen materias cuyo precio es susceptible de sensibles aumentos y también de rápidas disminuciones en pocos meses, cuyo volumen y duración es, no obstante, difícilmente previsible *a priori*.

Es evidente que, si debiera considerarse uno de esos incrementos o decrementos en el ejercicio al que el budget hace referencia, el precio utilizado para la valoración no encontraría ninguno en el curso efectivo registrado en el balance final.

¿Cómo obviar este problema? La respuesta requiere una distinción preliminar. Cualquiera que sea el curso de los precios de compra en cualquier medida previsible, para la valoración sería oportuno utilizar un precio de referencia lo más «cercano» posible al precio que se considera el nivel efectivo del mismo precio en el periodo afectado. Eso reduce el error pero no elimina la variabilidad del precio. Esa variabilidad puede reducirse adoptando configuraciones de precio medio[21], medio ponderado, etc.

En cambio, en el caso de que el curso del precio no sea previsible —en el momento de la elaboración del budget de compras— o no sea previsible con un suficiente grado de certidumbre, la referencia al precio corriente representa una elección obligatoria incluso si se caracteriza por unos límites de credibilidad muy notables.

Se ha dicho que un budget no debe servir de «esfera de cristal» y que, puesto que es preciso poner el máximo cuidado en su elaboración, mantiene intacta su validez cualquiera que sea la asunción utilizada en la fase de construcción, mientras sea distintamente identificable en sus efectos.

Se puede así afirmar que, si en el curso del ejercicio el precio de compra de un determinado artículo sufriera una variación no previsible en el acto de definición del budget de compras, eso representaría una información de extrema importancia para la valoración de la gestión de las diferencias señaladas, que debería ser objeto de valoraciones específicas.

En definitiva, la valoración del budget de compras debe conformarse con la referencia del «mejor precio» hipotético en el momento en el que se actúa, sin preocuparse de que después sea el mismo obtenido efectivamente de los proveedores.

Cargos accesorios y costes estructurales

Como conclusión del budget de compras, deben introducirse también todos los cargos relacionados con las actividades de aprovisionamiento, como los gastos y los costes de aduana, en el caso de importaciones del extranjero, y el coste de transporte, si va a cargo del comprador.

Por último, no deben olvidarse los costes relacionados con la estructura funcional, específicamente la retribución a la gestión de compras, representada sobre todo por las retribuciones del personal dependiente y de eventuales colaboradores externos, por los cargos de viaje y transferencia de las visitas realizadas a los proveedores, etc.

---

21. En el caso de coexistencia en el medio del ejercicio, históricamente comprobada o lógicamente previsible, de un incremento o de una disminución del precio del artículo, la referencia a un precio medio podría ser muy útil, dada su actitud a neutralizar «picos» de signo opuesto.

CAPÍTULO 7

El budget de las otras áreas

Con la construcción y elaboración del propio budget por parte del área de compras, las cifras más relevantes para la economía empresarial en lo que respecta al ejercicio siguiente pueden considerarse totalmente identificadas.

De ese modo empieza a dibujarse una primera hipótesis de resultados de renta consiguientes al trabajo de programación de las tres áreas descritas.

Sin embargo, el hecho de limitarse a considerar solamente estas tres áreas no sería en absoluto ni correcto ni tampoco lógico, y además dejaría el resultado totalmente privado de significado. ¡No debemos olvidar que todavía queda camino por recorrer!

El budget de los centros auxiliares y de servicio

Es obvio que una empresa no está sólo constituida por los departamentos comercial, productivo y de compras, sino que también incluye un conjunto de otras áreas que, aunque no tengan una implicación directa en el ciclo de aprovisionamiento-producción-venta, son fundamentales para resolver con eficacia algunas de la actividades operativas diarias de la empresa.

Las áreas auxiliares

Se trata de las unidades de organización internas que actúan como apoyo de las áreas primarias. Es el caso del departamento de marketing o del departamento técnico/de proyectos.

El primero, entre otras cosas, se ocupa de la actividad de comercialización, define de nuevo los estilos y modalidades de aproximación a la clientela, arranca las acciones de comunicación y promoción requeridas, y aumenta la eficacia de la acción de ventas a través de un mejor conocimiento y segmentación del mercado.

El segundo trabaja en cierto modo «a caballo» entre el área de producción y el área de compras. Primero se proporcionan todos los datos sobre el producto a realizar, para que se pueda programar la duración y las características del ciclo productivo. La ayuda de los sistemas modernos de creación CAD/CAM permite a la segunda disponer con la máxima precisión de la lista analítica de los presupuestos generados por el proyecto desarrollado y evidenciar las exigencias particulares que suponen las eventuales «personalizaciones».

Esas entidades organizativas, entre las que deben ser mencionados el área de investigación y desarrollo y el departamento de logística (expediciones), son las llamadas áreas auxiliares.

Las áreas de servicio

Existen, pues, algunas unidades de organización que ofrecen servicios a la empresa en su conjunto y a las demás áreas empresariales consideradas individualmente, como el área administrativa o el órgano de control de gestión (si está separado), que, además de garantizar el respeto a las obligaciones precisas de leyes (contabilidad y obediencia fiscal), recogen los datos proporcionados por las distintas áreas internas, se encargan de comprar y elaborar y ofrecer a la dirección y a las áreas interesadas todos los resultados y los revisiones monetarias que necesitan, subdivididos por áreas de competencia.

Las unidades organizativas como el CED (Centro de Elaboración de Datos) o el CDP (Centro de Proceso de Datos), son otros ejemplos cuyo primer deber consiste en garantizar la provisión de servicios informáticos.

En las realidades industriales de mayores dimensiones, existen también normalmente órganos o departamentos más directamente conectados con las actividades productivas (por ejemplo el departamento de manutención) y por ello más propiamente definibles como centros auxiliares de servicio.

En los casos en que no sea claramente identificable si el área es auxiliar o de servicio, debe adoptarse normalmente una clasificación conjunta. Se trata de una convención formal, aunque sea de gran utilidad para la representación simbólica de la estructura funcional de una empresa.

Por último, es obvio que aunque se haya hablado de áreas, es una unidad de organización dotada de un papel distinto y de autonomía operativa y decisión. No es por lo tanto suficiente que en el interior de la empresa existan uno o más recursos humanos que se ocupen de marketing o de la manutención de las instalaciones, pero es necesario que en cada uno de estos recursos exista un responsable con todas las delegaciones de responsabilidad necesarias, de modo que pueda decidir autónomamente lo que sea preciso realizar y de qué modo, sin tener que pasar cuentas con las demás áreas.

Áreas auxiliares y de servicio y budget empresarial

Una vez clarificadas qué son y qué relación tienen respecto a las áreas primarias, es necesario analizar qué impacto provocan las áreas auxiliares y de servicio en la formación del budget empresarial.

En ese sentido, una característica común a todas las áreas consideradas es su responsabilidad económica, de los costes, y precisamente de los costes generados por las áreas en su quehacer diario.

Un departamento técnico, por ejemplo, para poder resolver sus propias áreas, necesita personal, instrumentos informáticos adecuados, en términos de software y de hardware, material de consumo, etc. El responsable del departamento técnico tiene la facultad de decidir autónomamente qué diseñadores quiere utilizar, si desea confiar al exterior trabajos específicos o partes del trabajo habitual, si desea dirigirse a un centro de reprografía o solicitar a la dirección que se sustituya el *plotter* existente, etc. Las decisiones asumidas inciden en el volumen y la composición de los costes sostenidos por el área técnica, pero se trata de costes. En otros términos, se puede variar la suma, pero no el carácter de las informaciones gestionadas.

Por consiguiente, las áreas auxiliares y de servicio constituyen muchas «tajadas», incluso si en ocasiones se descuida su importancia, de la estructura de costes de la empresa.

El deber de cada una de estas áreas para definir el budget empresarial es identificar y cuantificar monetariamente los componentes de costes pertinentes, y aportar todas las modificaciones que, en el ámbito de un capítulo de gasto máximo asignado, permitan al área administrar lo mejor posible los recursos económicos y financieros a su disposición.

Entre los componentes de coste se incluyen las retribuciones de las personas y, con frecuencia, aunque con sensibles diferencias entre áreas y áreas, las retribuciones reconocidas a los colaboradores y a los consultores externos, los cargos por amortización y manutención de las rentas en dotación (como los ordenadores, las impresoras, los *plotter*, etc.), el coste de las eventuales licencias de software del fondo de cada área, los gastos por compra del material necesario, etc.

Existe, pues, una serie de conceptos de coste específicos de la realidad operativa propia de cada área y que deben ser objeto de una documentación específica.

Es interesante precisar como conclusión que en el budget de las áreas auxiliares y de servicio deben entrar sólo los componentes que dependen directa y exclusivamente de la actividad de tales áreas y que están sujetas al control de decisión y de actuación de las mismas, con el fin de evitar superposiciones inútiles con áreas de gestión que sean competencia de otras áreas empresariales.

El budget de los gastos generales y de los gastos estructurales

Con las áreas auxiliares y de servicio, el budget en formación ha recogido todos los costes de carácter funcional, es decir, directamente relacionados con la actividad asignada a cada una de las áreas, y como tales —es bueno ratificarlo— maniobrables autónomamente por las áreas en cuestión.

Existen sin embargo una serie de costes que, por su carácter, afectan a la empresa en su conjunto, y no a un área específica, o que están relacionados con la utilización de uno de los bienes comunes a todas las áreas empresariales[22]. La primera categoría de costes se escribe con el término de gastos generales, la segunda con el de gastos estructurales.

El budget de los gastos generales

Los gastos generales identifican un conjunto de componentes de renta negativos que la empresa debe sostener en el ejercicio de su propia actividad y que no implican la responsabilidad de gestión de un área bien defi-

22. En otros términos, el carácter general o común de los costes en cuestión impide que se reconduzcan los mismos a una específica realidad funcional si no se afrontan las debidas correcciones; por ello es preciso que eso no suceda, para no debilitar, mediante la consideración de costes que se escapan del control directo de las propias áreas, el vínculo entre sistemas de responsabilidad económica y variables, objeto de programación en las áreas.

nida. Son los costes de funcionamiento que la «máquina empresa» necesita, más allá de las actividades funcionales que caracterizan su gestión.

Entre los conceptos más significativos de gastos generales, se encuentran los cargos sostenidos por los órganos de administración y control de la sociedad (remuneración de los administradores, otros costes administrativos, remuneraciones municipales), así como del personal eventual que presta actividad de apoyo a tales órganos (por ejemplo, la secretaría de dirección).

En muchas empresas existen además empleados que desarrollan servicios, predominantemente para la dirección, pero también para las demás áreas internas, sin, no obstante, constituir a su vez un área de servicio: es el caso de los chóferes, porteros, recepcionistas, mensajeros, etc. Los costes relativos de esos trabajadores representan un concepto significativo que hay que indicar en los gastos generales.

Otro concepto importante lo proporcionan los cargos tributarios sostenidos —si no son atribuibles al inmovilizado (del que se tratará más adelante cuando se hable de los cargos estructurales)—, así como los gastos y las comisiones derivadas de la gestión de informes con las instituciones de crédito.

En los gastos generales se incluyen las contribuciones entregadas a asociaciones, los costes de registro, impresos, legalizaciones y valores sellados —cuando no pueden insertarse en un área particular—, las retribuciones por asesoramiento de carácter general: la lista podría alargarse y estar sujeta a variaciones y adaptaciones según la realidad empresarial específica considerada.

¿Cómo insertar entonces los gastos generales, con qué frecuencia se encuentran, en su suma completa, importes considerables, en el budget empresarial? Para los conceptos susceptibles de una cuantificación precisa *a priori* —como las remuneraciones de los administradores e interventores, retribuciones del personal general, tasas y otros tributos de cálculo fijo, etc.— se trabaja tomando como base las condiciones de contrato y las disposiciones de ley que regulan su volumen. Para los demás conceptos, para los que una previsión tan precisa no es en absoluto necesaria, la referencia a los valores de los años precedentes y a la experiencia será la aproximación más válida.

Con todo, se recuerda que el budget es fundamentalmente un instrumento de programación de la gestión empresarial: más que la consideración de lo que ha sido y la previsión de lo que presumiblemente será, el budget debe indicar lo que debería ser.

Si al final del ejercicio precedente, la empresa se ha gastado un millón en sellos, nada impide insertar en el budget una previsión para el ejercicio siguiente cercana a las 700.000 pesetas, siempre que tal valor sea el fruto de cálculos y valoraciones realistas.

Por fin, en los casos, más bien frecuentes, en los que el control y la reducción de los gastos generales representan una de las principales intervenciones en la estructura de coste de la empresa, las dimensiones de programación de dichos gastos asumen una importancia notable.

Puede ser costumbre introducir en los gastos generales también una serie de componentes de renta negativos, como los gastos de representación, homenajes y regalos, patrocinio y otros cargos de promoción, que no representan costes de funcionamiento en el sentido estricto, sino que son fruto de elecciones y valoraciones «políticas» efectuadas por la dirección. A este conjunto de conceptos se suele dar el nombre de «costes discrecionales o políticos».

Dada la naturaleza anómala de los gastos generales y de los costes discrecionales ante una responsabilidad de gestión que no puede ser errónea, es necesario que la dirección de la empresa esté directamente implicada en este punto en la formulación del budget empresarial y que indique el objetivo, en términos de valor monetario, que quiere alcanzar en el ejercicio siguiente, programando así sus propias decisiones al respecto.

El budget de los gastos estructurales

Los gastos estructurales representan un tipo de gastos generales[23]. Se trata en realidad de componentes de renta negativos que afectan siempre a la empresa en su conjunto, incluso si allí predomina el vínculo de estrecha relación con el lugar, la estructura física donde actúa la empresa.

En términos operativos, se trata de cánones de localización del inmueble o naves, si están alquiladas, de cánones de leasing inmobiliario, si están en leasing, completa o parcialmente, o de cuotas de amortización «de la gestión»[24], si es de propiedad, así como todos los costes y

23. Una lógica alternativa reconoce en los costes estructurales una medida del patrimonio inmovilizado al que la empresa se acoge y de los costes fijos de funcionamiento que la misma debe sostener en el ejercicio de sus funciones. Sobre la base de esa lógica, por lo tanto, también se incluyen entre los costes estructurales las retribuciones del personal y muchos costes de funcionamiento ya incluidos en los gastos generales. El autor del presente texto considera sin embargo que la subdivisión propuesta es la más clara.

24. Las disposiciones ministeriales reproducen los tipos anuales de amortización que, además de determinar el techo máximo de amortización que puede indicarse en el balance final, representan la valoración que el legislador fiscal ha realizado sobre la obsolescencia de una determinada renta inscrita en el patrimonio de la empresa. La noción de amortización administrativa hace referencia, en cambio, a la «verdadera obsolescencia», económica y tecnológica al mismo tiempo, a la que está sujeta esta renta, valorada sobre la base de la presumible vida útil de la misma.

gastos que están relacionados directamente con el inmueble o la nave industrial (limpieza, reparaciones, manutención, etc.).

La estimación de los costes estructurales no debe limitarse, sin embargo, sólo al inmovilizado o a la nave industrial, sino que debe comprender todos los bienes de propiedad de la empresa: es el caso, por ejemplo, de automóviles u otros vehículos.

No debe olvidarse por otra parte que, tratándose de naves industriales o edificios, se incluyan también todos los servicios alojados por estos (por ejemplo, el comedor).

Por último, es preciso señalar que la estimación económica, que debe introducirse en el master budget, de los gastos estructurales no presenta por lo general particulares dificultades, estando la mayoría de conceptos vinculados a precisos acuerdos de contratación (alquiler, leasing, limpieza, etc.), atribuibles a claras y explícitas elecciones metodológicas (amortización) o fácilmente deducibles de los precios aplicados por los proveedores.

CAPÍTULO 8

El budget
de las inversiones

En los capítulos precedentes se han descrito los contenidos y las modalidades de elaboración de los budget de las principales áreas empresariales; cada una de estas se antepone a la programación y a la gestión de componentes específicos de renta positivos o ingresos (en el caso del área comercial) o componentes de renta negativos o costes (en el caso, sobre todo, del área de producción).

Para la predisposición del master budget ¿puede considerarse suficiente la consideración de esos documentos? O mejor dicho, ¿puede el proceso de elaboración del master budget limitarse a la consideración de los únicos componentes de renta que caracterizan la economía empresarial?

La respuesta a ambas preguntas es obviamente negativa, y para entender las razones es oportuno regresar al caso presentado como conclusión del capítulo dedicado al budgeting[25].

En efecto, recordará que cada uno de los responsables de áreas, que había sido llamado por la alta dirección para declarar e ilustrar los contenidos de los programas de acción elaborados para el siguiente ejercicio en coherencia con los objetivos estratégicos fijados, formulaba

---

25. Véase el caso de la Clínica de San Antonio de Padua, cfr. Capítulo 1, pág. 23 y Capítulo 2, pág. 45.

necesidades de inversión[26]. Es evidente que, sea como sea, esas necesidades modificarían de modo consistente el volumen y las características de los bienes poseídos por la empresa, comprometiendo a la misma, por otra parte, a sostener los correspondientes gastos durante un periodo de tiempo, por lo general, más bien largo.

En otros términos, resulta claro que el mayor impacto de las políticas de inversión no recae tanto en el capítulo de costes y ganancias y en el capítulo de los resultados de renta de la empresa, como en la ordenación patrimonial de la propia empresa y en el curso de sus flujos financieros para los siguientes meses o años.

La modificación de la ordenación patrimonial

Una inversión —en el sentido más común del término— consiste en la compra por parte de la empresa de un edificio o una construcción, de una máquina o instalación destinada a la producción o a apoyar la actividad productiva, de equipamientos, de vehículos o medios de transporte, etc.

Para quien esté familiarizado con las lógicas contables y la estructura del balance del ejercicio, estas compras incrementarán la sección del llamado *inmovilizado material*, expresión del patrimonio físico del que dispone la empresa. En contabilidad, por otra parte, se suele identificar un segundo movimiento de operaciones de inversión para el desarrollo de una nueva actividad, para la investigación y el desarrollo de un nuevo producto o de nuevas tecnologías de proceso, más que a la compra o registro de una patente industrial, de una marca comercial o bien la creación de «imágenes» mediante una campaña publicitaria, etc. Se trata de inversiones que, aunque no tengan como objeto bienes materiales, permiten a la empresa obtener beneficios económicos mediante la explotación de un derecho, el desarrollo de nuevos productos y actividades, más que a través de la consolidación de la imagen, etc.

Por consiguiente, está en consideración el carácter plurianual de los beneficios que (presumiblemente) derivarían de estas iniciativas para la empresa, cuya inserción (de esas inversiones) en el inmovilizado, en la sección de los materiales inmovilizados, prevén la costumbre contable y la normativa actual.

Cualquiera que sea el carácter de la inversión realizada, ¿cuál es, por consiguiente, el efecto sobre los resultados económicos empresariales?

No hay duda de que tratándose de una inversión, por definición, una operación destinada a prolongarse en el tiempo, ese efecto sólo puede

---

26. Adquisición de la piscina para arrancar la *beauty farm*, reestructuración de la sección de oncología para la potenciación de la sección de obstetricia y ginecología.

coincidir con la cuota de la propia inversión que gravará el ejercicio examinado. En otros términos, mientras el bien (o el valor inmaterial) adquirido no agote su propia función en un solo ejercicio, aunque esté presumiblemente destinado a durar cierto número de años, a cada ejercicio se le asignará una cuota del coste sostenido por su adquisición, cuota que calcula el gasto padecido por dicho bien en el año considerado. El cálculo del desgaste sufrido por un bien de utilización plurianual encuentra su lugar en la práctica administrativa y contable en la noción de amortización. En definitiva, el impacto económico de amortización del mismo establecido sobre la base de criterios de gestión[27].

Eso significa que el impacto tiene por lo general unas dimensiones bastante limitadas respecto a la variación de la estructura patrimonial empresarial determinada por la inversión.

Por ejemplo, ante la compra de una fábrica por un valor cercano a los 30 millones y medio de pesetas (con el consiguiente incremento del mismo importe del inmovilizado inmaterial y de las actividades de estado patrimonial), y suponiendo una vida útil de la fábrica de veinte años, la cuota de amortización a cargo de un único ejercicio asciende a sólo 1,75 millones de pesetas. Por lo tanto, mientras que el patrimonio de la empresa registra un significativo incremento, la estructura de costes permanece sustancialmente sin cambios[28].

Así se explica por qué el budget de inversiones es la sección del master budget que más analiza los efectos inducidos sobre los componentes patrimoniales de la economía empresarial tras los programas de actuación elaborados después de los objetivos estratégicos indicados.

Programa de inversiones e impacto financiero

Si el impacto ejercido sobre la estructura de costes es normalmente contenido, mucho más significativa es en cambio la obligación que provo-

---

27. El término *gestión* hace hincapié en la diferencia que existe entre las amortizaciones «tradicionales», calculadas para redactar el balance del ejercicio según principios contables y teniendo como referencia las indicaciones contenidas en pertinentes disposiciones normativas, y las amortizaciones «verdaderas», expresión del gasto real que se ha producido durante un año por el bien y calculadas basándose en la presumible vida útil de la renta en cuestión. El paso de la lógica contable a la de gestión puede por consiguiente conllevar una variación en aumento o, lo más habitual, en disminución de la cuota de amortización asignada al ejercicio.

28. Para el inmaterial inmovilizado sirven diferentes consideraciones, la duración de cuyo beneficio es, de forma realista, mucho más reducida y por la que la referencia a las cuotas ministeriales, que generalmente prevén una amortización en tres o cinco años, es muy frecuente.

ca una inversión en el aspecto financiero. Aunque puedan acordarse con los vendedores aplazamientos también importantes, el pago del bien tiene lugar en un periodo de tiempo mucho más limitado que la presumible vida útil de la renta. En el caso de los inmovilizados inmateriales, los gastos y los cargos son además sostenidos antes de su inscripción en el balance del correspondiente valor.

Por ejemplo, en el caso de la compra de maquinaria, la empresa debe pagar, como confirmación del pedido a la empresa fabricante, un anticipo del orden del diez o quince por ciento del valor total de la maquinaria; para el saldo de esa parte de la renta es frecuente el recurso al instrumento del alquiler financiero *(leasing)*, cuya duración contractual difícilmente va más allá de los cinco años. Suponiendo que el valor de la maquinaria en cuestión esté cerca de los 20 millones, eso significaría para la empresa un desembolso inicial de dos millones para el anticipo requerido (en la hipótesis de que el mismo esté cerca del diez por ciento), a los que se deberán añadir cerca de 360.000 pesetas, obviamente aumentados por los cargos requeridos por la empresa de *leasing* para la financiación de la operación, para los cinco años siguientes (suponiendo que se trate de un *leasing* quinquenal)[29].

Aparece de ese modo claramente el estrecho vínculo existente entre los programas de inversión y la programación de las variables financieras, que constituirá el objeto del capítulo siguiente.

De momento es suficiente poner en evidencia otra repercusión, a menudo significativa, que las políticas de inversión ejercen en los resultados de renta de la empresa, repercusión que es posible captar sólo considerando las operaciones de inversión en su aspecto financiero. Esas operaciones, de gran importancia en términos financieros, deben estar financiadas mediante el recurso a instrumentos puestos a disposición del sistema bancario o de otros intermediarios financieros.

Cualquiera que sea el canal activado y la fórmula escogida, no hay duda de que financiarse produce un coste, en términos de cargo, que la empresa debe reconocer al banco o al intermediario con el fin de disponer de los fondos necesarios para cubrir la operación y que se reduzcan los resultados de renta, constituyendo una especie de coste oculto de los programas de inversión, cuyo devengo se produce en los primeros años de vida útil de la renta de acuerdo con la operación financiera que los ha generado.

---

29. A los importes de arriba debe obviamente añadírsele, si es preciso, el pago del Impuesto sobre el Valor Añadido, que incrementa sensiblemente los desembolsos a realizar.

Contenidos y finalidad del budget de inversiones

Para concluir, ¿cómo podemos definir un budget de inversiones? En una brevísima síntesis, se puede afirmar que el budget de inversiones es aquella «parte» del master budget que recoge los elementos de referencia de los programas de inversión en curso y las necesidades de inversión para el futuro, formuladas por las distintas áreas empresariales, y que determina su impacto sobre los resultados económicos del ejercicio en relación a las políticas de amortización (de gestión).

Anteriormente se ha hablado de los programas y necesidades de inversión «formuladas por las distintas áreas empresariales». A diferencia del budget comercial y del budget de producción, que tenían una referencia explícita a una sola área de responsabilidad funcional, el budget de inversiones es fruto de una elaboración transversal de la estructura de la empresa, cuyo elemento de reagrupación surge del objeto de documentación —la inversión precisamente— con independencia del área empresarial a quien sea atribuible.

Su finalidad, en definitiva, es reunir de modo coordinado los escenarios de potenciación de la estructura patrimonial[30] de la empresa, surgidos como corolario de los programas de acción de las distintas áreas, para evaluar su incidencia en el aspecto económico y su capacidad de ser sostenible en el aspecto financiero, bastante más delicado.

De hecho, es cierto que si una empresa quiere sentar las bases de un futuro lleno de éxitos siempre debe estar preparada para invertir; se trata sin embargo de tomar la decisión de cuándo y cómo invertir, de dar el «justo paso», y esta decisión depende sobre todo de estimaciones de carácter financiero[31].

30. La definición de los valores que se deben incluir en el budget no presenta en general problemas particulares, derivando de la consideración de las ofertas u otra documentación contractual predispuesta por las eventuales empresas proveedoras o por la parte vendedora, o constituyendo el resultado de estudios pertinentemente realizados por la empresa (como sucede sobre todo con los proyectos de investigación y desarrollo de nuevos productos o iniciativas).

31. Debe recordarse que también en el caso de la Clínica de San Antonio de Padua, la decisión final sobre la aprobación de las inversiones propuestas se había dejado pendiente, esperando una valoración por parte de la alta dirección de los datos financieros.

CAPÍTULO 9

El budget financiero

Una vez examinadas las herramientas de programación de los componentes de renta y de las variaciones inducidas sobre la estructura patrimonial por las políticas de inversión, tomaremos ahora en consideración la última y fundamental dimensión que caracteriza la gestión empresarial, la dimensión financiera. Esta fase constituye el complemento natural y lógico del proceso, y da validez y coherencia a todas las elaboraciones producidas.

Como depende estrechamente de los datos contenidos en los demás budget funcionales, así como de la asunción de la base del proceso de planificación estratégica, la elaboración del budget financiero representa la última fase antes de la consolidación de los resultados realizados para la definición del master budget.

El vínculo con las demás dimensiones de gestión

¿De qué modo la consideración de los aspectos financieros enlaza con la programación de las dimensiones de gestión?

Ante todo, cada operación empresarial tiene una repercusión financiera. A un ingreso, objeto de interés especial del budget comercial, corresponde siempre un flujo financiero positivo, llamado también cobro o entrada. A un coste, objeto en cambio de análisis durante el budget de producción o de compras, afronta siempre un flujo financiero negativo, definido como pago o salida.

Ya se ha descrito en el capítulo precedente el estrecho vínculo existente entre programas de inversión y equilibrio financiero de la empresa.

El principal elemento de distinción entre las distintas dimensiones de gestión atañe a la temporalidad con la que las mismas manifiestan sus efectos. La manifestación de un ingreso o de un coste se anticipa siempre respecto a la del correspondiente cobro o pago, a causa de la dilación concedida normalmente a la clientela u obtenida de los proveedores de la empresa[32].

Ya se ha dicho a propósito del budget de inversiones, que la definición de un plan de pagos fuertemente aplazado o el recurso, en añadidura o como alternativa, a pertinentes herramientas financieras permite la distribución de las salidas consiguientes a la inversión en un periodo de tiempo más o menos largo.

En definitiva, dado su estrecho vínculo con el curso de los resultados económicos y con las operaciones de inversión en práctica, descuidar la dimensión financiera sería incorrecto y podría encontrar una justificación lógica sólo en la afirmación, que debería demostrarse a partir de cálculos ciertos, de que ninguna tensión financiera es previsible en realidad.

En todos los demás casos, la elaboración del budget financiero es absolutamente oportuna y por consiguiente encarecidamente aconsejada.

Las modalidades de definición del budget financiero

La aproximación analítica

¿De qué modo se procede en la elaboración de un budget financiero eficaz? En este sentido es oportuno referirse a todo lo que se ha afirmado en los párrafos anteriores, y eso significa que un acontecimiento financiero representa la manifestación, en forma de entrada (cobro) o de salida (pago), de un suceso de carácter económico o de una determinada elección de inversión.

Con la elaboración de los budget funcionales y del budget de inversiones, se ha llegado a la definición de los valores económicos, positi-

---

32. Salvo en casos bastante particulares, donde el cobro o el pago no sean anticipados respecto al momento del correspondiente devengo económico.

vos y negativos, y de los elementos de referencia de los programas de inversión previstos para el año siguiente (ejercicio). De ese modo, debe observarse uno de los dos componentes necesarios para determinar los movimientos financieros, el que regula su importancia total.

Es necesario ahora «traducir» los datos de los budget funcionales y del budget de inversiones, aplicando a cada tipología de valores las condiciones relativas de regulación financiera.

Como para los importes de mayor relevancia se adoptan fórmulas de cobro o de pago que prevén la subdivisión de esos importes en un número más o menos amplio de plazos mensuales, y esta condición, por otro lado, es cierta en el caso de las operaciones de inversión, las entradas o las salidas monetarias pueden no coincidir, en su valor mensual, con el valor total deducido por los budget originarios. Por otra parte, como ya se ha subrayado, en general los plazos de manifestación de los dos sucesos no coinciden, salvo excepción de una eventualidad bastante extraña de pago cuando se entrega la mercancía, pero es mucho más probable que difieran también de varios meses.

Una vez relevados los valores de salida de los demás budget y realizada la traducción en entradas y salidas financieras, se trata de confrontar estas últimas con el fin de poner en evidencia las eventuales necesidades financieras.

La principal ventaja de la aproximación analítica es su precisión. Se toman en distinta consideración los valores que representan los éxitos de los análisis y de las elaboraciones realizadas en las fases precedentes del proceso y aplicando a cada uno la correspondiente condición de regulación financiera, el resultado al que el budget llega se distingue por su gran precisión.

Eso permite a la empresa prever, entre otras cosas, si alguna vez tuviera que realizar las previsiones expresas en distintos budget, en qué mes se dibujará un problema en términos de necesidades financieras y cuánto durará (en número de meses) esta situación de dificultad.

La principal limitación de la aproximación analítica es, en cambio, la complejidad de las elaboraciones que requiere. Allí donde es relevante el número de valores que se debe tener en cuenta y es amplia y variada la casuística de las condiciones financieras reconocidas a la clientela u obtenidas de los proveedores, la aproximación analítica resulta, en efecto, obstaculizada, por falta de oportunas herramientas informáticas que puedan simplificar las operaciones de cálculo.

En otros términos, la aproximación analítica se desaconseja cuando sirve sólo para la definición del budget financiero, mientras que puede ser muy útil allí donde existe ya una costumbre consolidada del recurso a herramientas y lógicas de gestión y control de la tesorería empresarial.

Por otra parte, si en algún momento las previsiones formuladas en los budget funcionales señalaran más tendencias medias durante el año —que poco perjudican en los resultados de renta del ejercicio, pero que debilitan mucho el significado de dichas previsiones para la programación financiera—, se corre el riesgo de realizar un gran esfuerzo para lograr un resultado impreciso.

Cabe destacar, por último, que se puede recurrir a «hipótesis de trabajo» simplificadas, que son la base, por ejemplo, para calcular una dilación media, si bien con referencia a categorías homogéneas de clientes y proveedores, es mejor que detenerse en la documentación analítica de todas las que encuentran aplicación en la realidad.

La aproximación por flujos

Como ya se ha indicado, cada suceso financiero genera una modificación del valor del concepto patrimonial correspondiente. El cobro de un crédito con respecto a un cliente, de hecho, modifica —aumentándola— la suma de las disponibilidades bancarias; sucede lo contrario, obviamente, en el caso de un pago efectuado a un proveedor. La venta de un bien inmóvil o de una instalación por parte de la empresa genera liquidez, pero disminuye al mismo tiempo la consistencia y composición de las actividades patrimoniales.

Si, por lo tanto, imagináramos que tuviéramos realmente delante el estado patrimonial de una empresa en dos momentos temporales distintos —por ejemplo, a finales de dos meses sucesivos del año— encontraríamos de nuevo diferencias, que son en gran parte expresión y medida de los sucesos financieros acaecidos durante la semana transcurrida entre las dos fechas tomadas como referencia.

Tales diferencias se denominan más propiamente flujos y constituyen la expresión de las modificaciones sufridas por los valores patrimoniales de balance en un determinado periodo de tiempo.

La lógica de la base de la aproximación por flujos es por consiguiente la de concentrar los esfuerzos en relevar esas diferencias —expresión y síntesis de los flujos (positivos y negativos) encontrados— omitiendo los análisis demasiado específicos y, por lo tanto, muy pesados, que se inspiran en el simple hecho.

El valor de la aproximación por flujos concierne a su simplicidad conceptual y la inmediatez de aplicación. No se necesitan elaboraciones o cálculos complejos, sino sólo la ejecución de una serie de operaciones banales de sustracción. Por otra parte, esta aproximación permite comprobar que toda la arquitectura presupuestaria es realizable desde el punto de vista financiero y pone en evidencia al mismo tiempo la suma del avance o de la necesidad cumplida.

En el caso en que se descubriera una necesidad, la empresa debería rápidamente recorrer con una mirada crítica el proceso, para reducir los impactos financieros o para encontrar de nuevo las oportunas fuentes a cubrir.

Por el contrario, la aproximación por flujos no pone al descubierto las dinámicas entre las corrientes en los dos momentos temporales tomados como referencia, el primero y el último día del ejercicio respectivamente.

El budget financiero elaborado según la aproximación por flujos proporciona indicaciones sobre el valor total, pero no sobre valores parciales de la exposición en el ejercicio.

No puede preverse, entre otras cosas, en qué mes se generarán las primeras tensiones en el aspecto financiero, si la necesidad total puesta en evidencia es el resultado de un momento negativo de liquidez con motivo del último mes del ejercicio o de problemas de más larga duración, u otra cosa, informaciones que favorecerían de manera significativa la temporalidad y eficacia de las intervenciones empresariales.

La estimación del estado patrimonial alcanzado al final del ejercicio —necesaria para la aplicación de la aproximación en cuestión— puede dar lugar a amplios espacios de incertidumbre en aquellos casos en que en ninguno de los documentos de gestión elaborados se localicen informaciones útiles para determinar el valor de una apuesta patrimonial al término del ejercicio (o al menos su curso). En esos casos, es evidente que el grado de credibilidad de las indicaciones proporcionadas por la aproximación por flujos tiende a disminuir.

CAPÍTULO 10

La recogida de datos para el balance final y el análisis de las desviaciones

Con la predisposición, el control y la oficialización del master budget termina el proceso de budgeting. Tras largas y agotadoras sesiones de elaboración, interminables reuniones internas y continuas reconstrucciones del trabajo desarrollado, el budget de la empresa es por fin una realidad concreta. En un único documento se representan, en términos numéricos, todas las expectativas de la empresa para el ejercicio siguiente, subdivididas en áreas o áreas de gestión relevantes, y los esfuerzos de todos los recursos empresariales disponibles deberían estar orientados a las expectativas formuladas durante el budget.

Cuando se ha terminado el proceso de definición, ¿qué sucede en nuestro budget? Su peor destino sería que se convirtiera en papel mojado, es decir, que no incidiera en los comportamientos empresariales. Es una hipótesis límite, bastante improbable teniendo en cuenta el cansancio y los costes que requiere el budgeting, pero que podría encontrar quizás un terreno abonado, sobre todo en las realidades empresariales donde la construcción del budget se hubiera caracterizado por un estilo de tipo consultivo y por una aproximación *top-down*. Allí donde el budget se ha vivido y sentido como algo extraño, fruto de elaboraciones ajenas, basándose en lógicas y criterios muy lejos de la transparencia y en la falta de una cultura interna de participación y motivación que dé valor al budget, es probable que acabe pronto por esfumarse, recuciéndose como máximo a un interesante y académico ejercicio de representación de la realidad empresarial.

Es probable que eso suceda también en casos donde el budget no haya sido objeto de una atenta documentación de los datos emergentes de la realidad de los hechos y una confrontación de los mismos con los valores del budget. Es por consiguiente el control llamado precisamente presupuestario el que da valor y eficacia al budget: es la conciencia, por parte de los recursos implicados, de «sentirse controlados» (y evaluados) sobre la base del budget, que «empuja» para que se le atribuya su debida importancia.

Modalidades de recogida de datos para el balance final

¿Qué significa en la práctica operativa la expresión «recogida de datos emergentes de la realidad de los hechos»? Simplificando mucho, dicha expresión podría explicarse como sigue: «recogida y anotación de todo lo que ha sucedido efectivamente». Por esta razón es evidente que esa recogida no tiene como objeto datos de previsión o referidos al futuro, como en el caso del budget, sino datos ciertos, que ya han sido comprobados (el punto de vista regresa al pasado), es decir, en la jerga contable y administrativa, del balance final[33].

Es importante tener en cuenta que la recogida de los valores del balance final, de carácter económico o patrimonial, representa el objeto específico del sistema informativo administrativo por excelencia, es decir, la contabilidad general. La principal finalidad del sistema informativo de contabilidad general es, en efecto, relevar, día a día, en tiempos reales, las modificaciones que se hayan producido en la estructura patrimonial de la empresa y reconstruir dinámicamente el proceso que conduce a la formación del resultado de renta del periodo (ejercicio). Estas operaciones se expresan en valores monetarios, en la llamada divisa (pesetas, euros, etc.).

Regresando a nuestro tema de salida, ¿ es la contabilidad general la fuente de datos emergentes de la realidad de los hechos respecto a la que se debe controlar la coherencia de los valores del budget?

Salvo en casos muy concretos o para algunos valores, la contabilidad general no puede proporcionar informaciones y datos significativos con fines de control presupuestario dada la rigidez de la estructura y de las reglas de recogida de datos empresariales, propios de la contabilidad general, rigidez que nace principalmente de la necesidad de este siste-

33. Por consiguiente, nunca respecto a otros valores estimados.

ma informativo de adherirse a los aspectos y a las convenciones fijadas de la práctica predominante y de la normativa civilista y fiscal. El carácter obligatorio de la contabilidad general limita su capacidad de rentabilizar la dimensión de gestión del fenómeno relevado con certidumbre, veracidad y comprobación del dato registrado.

Cuando se actúa en contabilidad general, no es relevante identificar a qué áreas de gestión se lleva un determinado coste o ingreso. El sistema de códigos contables (plan de cuentas) está estructurado en función de los esquemas obligatorios para facilitar las operaciones de relación; así se pierde cada residuo de adherencia con las lógicas y los códigos de gestión.

En definitiva, la contabilidad no puede explorar los contenidos y los significados del fenómeno relevado. Por ejemplo, la venta realizada de un producto se revela a través de la inscripción del correspondiente valor monetario en una cuenta (de ingreso) que puede, pero no es necesario, indicar el carácter del producto vendido mejor que el grado de transformación que el mismo ha sufrido (producto acabado, semiacabado, etc.) o el área geográfica donde la venta ha sido realizada (por ejemplo, venta en España, venta al exterior, etc.). Para la contabilidad general, el asentamiento se realiza correctamente cuando se han indicado todos los elementos de identificación requeridos para el registro.

Sin embargo, cuando la óptica de referencia es la de la gestión y, sobre todo, del control presupuestario, ese asentamiento es insuficiente, ya que es necesario conocer las características del producto, el área/segmento al que hace referencia la renta realizada, el canal de distribución más que el agente que cuidará su comercialización: en pocas palabras, todos los elementos informativos que respondan a las lógicas sobre las que se articula el budget a comprobar (en ese caso, el budget comercial). En conclusión, la gestión requiere recogidas de datos más analíticas; de ahí el término *contabilidad analítica*, que indica el sistema de recogida de datos de las actividades empresariales para apoyar la gestión. Uno de los objetivos de la contabilidad analítica es la recogida de datos del balance final.

La identificación de las desviaciones del budget

Los datos del balance final de la contabilidad analítica permiten una confrontación directa e inmediata con los valores programados en el budget, poniendo en evidencia las eventuales diferencias entre los valores previstos y aquellos efectivamente surgidos de la gestión. La diferencia se denomina «desviación» y se calcula normalmente en valores absolutos o en términos porcentuales.

La recogida de las desviaciones del budget representa sin duda el corazón del proceso de control, el elemento cardinal que convierte el proceso eficaz en la guía y comportamiento de la empresa hacia el logro de los objetivos prefijados. El alejamiento calcula cuánto se está desviando respecto a esos objetivos, es una señal de que algo «no va por el camino correcto». Si no se lograra identificar esa desviación, la empresa, muy probablemente, proseguiría su camino por la línea iniciada, sin establecer las oportunas correcciones.

La interpretación de las desviaciones del budget

Para interpretar la eventual desviación entre los valores del balance final y los valores del budget, es preciso tener en cuenta algunas advertencias operativas que responden a reglas del buen sentido común.

En primer lugar, la identificación de las eventuales desviaciones se efectúa periódicamente, por lo general cada mes. La desviación establecida es por lo tanto mensual respecto al valor del budget alcanzado por el mes en cuestión.

Puede suceder, y la probabilidad tiende a aumentar al crecer la frecuencia con la que se realiza el cálculo, que una desviación de cierta señal se encuentre en el periodo siguiente con una desviación del mismo importe pero de signo opuesto. Se crea así una especie de «efecto trasvase» entre periodos vecinos que, no obstante, no cambia nada en la tendencia a medio plazo.

El riesgo de interpretaciones erróneas o de alarmismos (o entusiasmos) puede ser evitado considerando el valor progresivo de la desviación en cuestión, que prevé cada sistema de control bien construido.

En segundo lugar es mejor no perder energía y tiempo proporcionando interpretaciones a desviaciones de modesta importancia: la referencia al valor porcentual de dichas desviaciones se revela en ese sentido muy útil.

Si la identificación ha indicado una desviación significativa, confirmando en su importancia y en su duración temporal el correspondiente valor progresivo, es preciso reconocer las razones de fondo. Se presenta la hipótesis, para una mayor claridad, de que la desviación en cuestión se refiere a un concepto de ingreso: las ventas de un determinado producto en marzo están «en retraso» del 20 % sobre el correspondiente valor en el budget comercial[34].

¿Puede explicarse la desviación registrada? Para responder a esta pregunta, es preciso tener siempre presente que el budget es el resultado de previsiones expresadas en cantidades (número de un producto vendido en Francia), sucesivamente traducidas en valores monetarios,

34. Por ello se trata de una desviación negativa, que indica una disminución de los ingresos o un aumento de los costes respecto a las previsiones formuladas.

gracias a una simple operación de multiplicación entre dichas cantidades y los correspondientes valores de precios unitarios. Es muy importante por lo tanto distinguir si el decrecimiento de la facturación comprobado debe imputarse a las cantidades o a los valores (precios).

Si, de hecho, la explicación radica en el primero de los dos factores —las cantidades— el curso deducible de las ventas podría deberse a una nueva dimensión de la demanda proveniente del mercado francés y referido al producto afectado, por un escaso impulso de la red comercial, o, más probablemente, por una política de precios que recompensa poco. En ese último caso, sería aconsejable evaluar lo antes posible la oportunidad de establecer una política de «retoque» de los precios de venta, siempre que los márgenes y las disposiciones competitivas lo permitan.

Si la causa del decrecimiento de la facturación se imputa al factor del precio unitario, más bajo respecto al valor hipotético del budget, deberían evaluarse atentamente las oportunas acciones de apoyo.

Puede, por último, suceder que la desviación sea el resultado de combinar simultáneamente los dos factores, circunstancia que hace seguramente más difícil reconocer las causas de un modo claro.

Existe por último una «cuarta hipótesis», a menudo invocada por las áreas implicadas, que imputa la causa de la desviación registrada a la inadecuación del valor insertado en el budget, fruto probablemente de estimaciones y valoraciones erróneas. Por cuanto el budget no sea, ni tenga la pretensión de ser, fruto de una ciencia exacta y los errores de cálculo sean siempre posibles, se prefiere, no obstante, dejar esta interpretación como última opción.

La desviación identificada debe ser oportunamente descompuesta y subdividida en la cuota atribuible a variaciones de la cantidad y en la cuota atribuible a variaciones del precio (coste) unitario[35]. Esta descomposición, que prevén casi todos los sistemas de control presupuestario y que permiten actuar sin particulares dificultades, aumenta considerablemente la calidad y la eficacia del sistema utilizado y, por consiguiente, la validez de las acciones correctivas realizadas.

El sistema de *reporting*

En este punto deberá presentarse del mejor modo posible la gran cantidad de datos, informaciones e indicaciones que afectan al control presupuestario.

35. Se puede observar que para llevar a cabo esas descomposiciones, la referencia está representada por programas de actuación expresados en cantidades y no por budget funcionales ya valorados.

En efecto, es preciso tener siempre presente que el budget, elaborado y desarrollado físicamente por profesionales de la sección administrativa, está destinado a ser consultado y analizado por personas no expertas y, así, poco interesadas en los mecanismos que regulan su funcionamiento.

El budget, como documento, formado por la composición armónica de las distintas realidades operativas coexistentes en el interior de la empresa, contiene miles de valores previstos de ingresos y de costes, y, por consiguiente, requiere la identificación de miles de valores del balance final. La fase de control permite determinar miles de desviaciones, no todas pertinentes a todas las áreas empresariales: por ello es necesario que los datos relativos a las desviaciones de una determinada área no se pongan en conocimiento de los demás para evitar la formulación por parte de los mismos de juicios superficiales (y no necesarios) al respecto.

Cada responsable funcional puede solicitar al área administrativa la disposición con una cadencia definida de una o más listas (o *report*) donde se indiquen sólo determinados valores y desviaciones que se consideren particularmente relevantes y sus correspondientes detalles.

Es obvio que cuanto más alto sea el nivel jerárquico del usuario implicado, menor será el interés de disponer de datos detallados que acabarían por distraer la atención de la consideración de los indicadores de mayor importancia. A la alta dirección poco le importa tener el control de los valores específicos de la actividad de gestión del área de producción o del área comercial, a menos que algunos de estos revistan particular relevancia, mientras que es muy importante la elaboración puntual de indicadores que calculen el estado de salud de la empresa en términos de rentabilidad, equilibrio financiero, etc.

Eso significa que la utilización de las informaciones proporcionadas por el sistema de programación y el control presupuestario por parte de la cumbre directiva se limita a la consideración de pocos valores.

La elaboración de informes personalizados que contengan una síntesis inteligente de datos y valores disponibles se llama el *reporting* direccional, incluso si a menudo se usa el término francés *tableau de bord* (cuadro de instrumentos). Si, por consiguiente, la contabilidad analítica puede definirse como el arte de identificar en el balance final los acontecimientos comprobados, el *reporting* direccional es el arte de presentar los resultados obtenidos. En otros términos, el *reporting* representa la guinda que valora y da sentido a todo el trabajo desarrollado a través del proceso de definición y control del budget.

La amplitud de la materia impide que tratemos exhaustivamente las modalidades de desarrollo de un sistema de *reporting* eficaz. Basta decir en este punto que un sistema de *reporting* direccional es mucho más eficaz cuanto más consiga proporcionar en un «espacio» limitado todas las informaciones necesarias para conducir a la empresa «a buen puerto».

CAPÍTULO 11

*Aspectos de organización
y sistemas informativos*

Antes de terminar el viaje por el mundo del budget, es necesario recordar algunas reglas operativas que es preciso tener en cuenta para mejorar la calidad y la eficacia del proceso de budgeting. Dada la importancia que tienen las mismas, y antes de dejar al lector el deber de construir el budget en referencia a su propia realidad empresarial, es conveniente dedicar algunas páginas a los mecanismos de organización que presiden la gestión de las actividades de formulación del budget empresarial.

El comité del budget

Se ha dicho que el budgeting es un proceso que implica a todas las áreas empresariales, con las que es necesario enfrentarse continuamente para comprobar la coherencia, y por consiguiente, la factibilidad de los programas de acción establecidos.

Esa confrontación determina por lo general en el interior de la empresa un clima muy lejano a la serenidad, ya que cada área intenta comprensiblemente defender sus propias razones e imponer su propio punto de vista.

Por otra parte, la aparición de conflictos en cierta medida es un aspecto que debe considerarse positivo, señal de la existencia de un «espíritu combativo» y de la ausencia de situaciones de desequilibrio —en términos de capacidad profesional y personalidad— a favor de un área específica (situaciones que, si se produjeran, perjudicarían la validez de los resultados conseguidos). Una sana conflictividad entre las áreas no significa sin embargo que se vaya a precipitar a la empresa en una guerra que acabaría por comprometer su eficiencia. Por consiguiente, es necesario afrontar los conflictos surgidos y solucionarlos con la convicción de que lo que cuenta es el interés general y no el de cada área.

No debe olvidarse que el proceso de elaboración del budget es un recorrido largo y pesado que requiere el análisis de una gran cantidad de datos y la asunción de muchas decisiones. Por este motivo, es aconsejable, en el momento en que se dispone a emprender ese recorrido, identificar en el interior de la empresa un reducido número de personas, llamado comité de budget, al que se le asignará el deber de presidir su proceso, garantizando el sereno desarrollo de su éxito.

El comité de budget es un órgano colegial compuesto por personas con una responsabilidad de organización notable en representación de las áreas respectivas y con el apoyo del área administrativa.

El primer objetivo del comité de budget es evitar que las situaciones de conflicto, así como las decisiones de escasa importancia, acaben implicando a la cumbre directiva, que se verían constante y directamente comprometidos en el proceso de definición del budget empresarial. Un representante de la dirección participará en el comité de budget sólo como «auditor» y tras la solicitud de los demás componentes. El objetivo de este órgano es solucionar los conflictos que puedan surgir, evitando que puedan por ello bloquear el budgeting.

El deber del comité de budget por otra parte es el de hacerse cargo de toda una serie de decisiones de carácter operativo o de procedimiento, respecto a las que pueden escoger con plena autonomía.

Sólo las decisiones relevantes, que se refieren más a las elecciones estratégicas de fondo o a las situaciones de conflicto que de ningún modo se hayan podido solucionar, serán expuestas a la dirección.

En conclusión, la elección de un comité de budget es particularmente oportuna allí donde predomine el estilo de budgeting participativo y la aproximación *bottom-up*, para evitar la tendencia de algunas áreas, quizá más bien arraigadas, a exponer a la cumbre directiva cada decisión, descargándose así de sus propias responsabilidades.

El calendario del budget

La segunda regla, importantísima, a la que hay que prestar atención en la programación y la gestión del budgeting hace referencia a la necesidad de que ese proceso esté guiado por un calendario preciso. El budget empresarial está siempre definido en una fecha determinada, por lo general del último mes del ejercicio precedente.

Para que ese objetivo pueda ser respetado es preciso que los programas de actuación estén preparados dentro de una fecha determinada (supongamos que se trata del 15 de octubre), que los budget funcionales se redacten dentro de otra fecha (el 15 de noviembre) y así sucesivamente.

Es evidente que, al ser el budgeting un proceso integrado representado por la unión y por la progresiva consolidación de los distintos documentos, aunque uno sólo de esos documentos no estuviera disponible en el momento necesario, no se podría proceder de otra manera y por lo tanto sería imposible respetar las fechas fijadas por la definición y la oficialización del master budget.

Si, por ejemplo, el área de compras no dispusiera de su propio budget en los términos acordados, el área administrativa no podría proceder con la consolidación de los budget funcionales ni expresar ningún parecer sobre la coherencia de lo que haya sido elaborado hasta aquel momento: todo el proceso sufriría un retraso.

Es por ello necesario que el trabajo de los actores esté integrado y coordinado no sólo en los contenidos y en la metodología, sino también en los plazos. En otros términos, el factor tiempo es demasiado importante para que pueda ser dejado al libre albedrío de los actores y sus compromisos.

Es obvio, sin embargo, que no existe un modelo de calendario de budget, ya que eso puede desarrollarse con distintas modalidades. Los distintos calendarios hipotéticos se distinguen, particularmente, por dos aspectos que conciernen la asignación (entre los recursos o actores implicados) y la distribución (entre las distintas fases del proceso) del tiempo, según el estilo que connota el proceso de budgeting. Si el estilo predominante es el consultivo, es evidente que la asignación del tiempo entre los distintos niveles jerárquicos y los distintos actores tenderá a ser desequilibrado a favor de la dirección (índice de centralización elevado); y viceversa, obviamente, en el caso de que el estilo predominante sea el participativo[36].

Mucho más destacable es la elección de la distribución del tiempo entre las distintas fases del proceso, ya que puede condicionar sensiblemente los éxitos. Si el plazo asignado por la definición de los programas de actuación o el desarrollo de los budget funcionales es limitado, es

---

36. En el caso del estilo participativo, por otra parte, el porcentaje de tiempo asignado a cada área constituye una medida del grado de crítica de aquella área para la elaboración del budget.

probable que predomine una actitud de tipo conservador, basada en la observación del pasado, ya que se tendrían pocas posibilidades para explorar hipótesis o aproximaciones alternativas.

Una distribución del tiempo a favor de las fases iniciales del proceso de budgeting —comunicación de las líneas estratégicas fijadas y desarrollo de los programas de acción— tiende a garantizar una mayor adhesión de los budget funcionales a los objetivos empresariales, mientras que una distribución orientada a las fases finales —budget funcionales, negociaciones y consolidación— favorece una mayor responsabilidad por parte de los actores en relación a los objetivos negociados.

Es lógico preguntarse como conclusión cuál es la estructura óptima de un buen calendario de budget. No existe una respuesta universalmente válida, porque no se puede prescindir de una consideración preliminar del contexto particular, en términos de resultado y de perspectivas de mercado, donde la empresa se encuentra trabajando. En líneas generales, se puede afirmar que las estructuras equilibradas, caracterizadas por una distribución igual entre las distintas fases, son siempre las preferibles.

El papel del área administrativa

En los capítulos precedentes, se debería haber percibido la presencia «entre líneas» pero constante, del área administrativa[37] como apoyo a todas las actividades desarrolladas para la definición del master budget.

Particularmente, el área administrativa es la que se encarga directamente de valorar los budget, de realizar la sucesiva consolidación y evaluar las correspondientes implicaciones financieras. Por lo tanto, el área administrativa es la que tiene la «última palabra» —en sentido técnico— sobre la factibilidad de renta, patrimonial y financiera del castillo presupuestario que se va dibujando. El área administrativa es por otra parte la depositaria de los aspectos metodológicos que necesita la elaboración de un budget, el área que debe por tanto hacerse cargo de indicar a todos los actores implicados qué es preciso hacer y cómo hacerlo. El área administrativa deberá definir la arquitectura de la herramienta presupuestaria que mejor se adapte a las característica de la empresa y seleccionar las variables sobre las que centrar el proceso de programación y control (llamadas precisamente variables de control)[38].

37. Es ilustrativo el ejemplo del contable Finazzi en el caso de la clínica de San Antonio de Padua.
38. Otro papel importantísimo asignado al área administrativa es la información proporcionada a las demás áreas para la lectura e interpretación de los datos del budget y de las desviaciones en el balance final.

No debe olvidarse que la administración es un área empresarial y, por consiguiente, debe, como las demás, establecer su propio programa de actuación y desarrollar su correspondiente budget funcional, que formará parte del master budget.

En términos de organización, es preciso poner en evidencia que, en las empresas de grandes dimensiones, existe por lo general un órgano interno —o que responde directamente a la dirección— dedicado a la presidencia de las actividades de control de la gestión que se sitúa en posición autónoma, jerárquica y operativamente, respecto al área administrativa en el sentido estricto. En contextos parecidos, las consideraciones expuestas antes sirven obviamente para el órgano de control de la gestión, mientras que el área administrativa es, para el budget, una realidad de organización en todo y por todo asimilable a la de las demás áreas, dedicada principalmente a la contabilidad general y al desarrollo de las prácticas de carácter administrativo.

Como conclusión, el hecho de afirmar que el área administrativa —o el órgano de control de la gestión— participa activamente en todas las fases del budgeting no significa que el área administrativa «haga» el budget. Como ya se ha subrayado en cierto modo, si se comprobara una intrusión así, el budget perdería cualquier eficacia para la programación de la actividad de gestión, reduciéndose a un mero «ejercicio técnico». El budget lo «hacen» por lo tanto siempre y sólo los actores funcionales implicados, cada uno para su pertinente área de gestión, con el acuerdo y la supervisión de la dirección y con el apoyo profesional del área administrativa, cuyo deber es recoger y elaborar los datos y proporcionar todos los elementos de documentación necesarios para el desarrollo del proceso.

Budget y sistema informativo

El budgeting y la identificación y análisis de las desviaciones requieren la compra y la elaboración de una enorme cantidad de datos y, sobre todo en las realidades empresariales de mayores dimensiones, estas actividades no podrían desarrollarse si no fuera con la ayuda de un sistema informativo adecuado.

Se introduce de ese modo un aspecto, el control de la gestión y los sistemas informativos, que por interés e importancia requerirían una consideración específica y no rápidas y superficiales consideraciones.

Eso no significa que no pueda ser de utilidad proporcionar algunas indicaciones que, más que entrar en un sistema informativo de programación y control, atañen al «mejor camino» para llegar a él.

Ante todo, la definición de las modalidades operativas del sistema informativo de programación y control debe proceder paralelamente al desarrollo de la arquitectura metodológica diseñada por el área administrativa para asegurarse la coherencia entre los dos recorridos.

Debe observarse que, hasta el momento, se ha hablado de sistema informativo y no de software o programa; el sistema informativo implica una concesión mucho más amplia, en sus contenidos y finalidades, respecto al software. Particularmente, el software es un instrumento informático, más o menos sofisticado y dotado de funcionalidad particular, fruto del ingenio y de la capacidad profesional de la sociedad especializada que ha cuidado su desarrollo y su comercialización. Se trata por consiguiente de un producto ya predispuesto en sus líneas estructurales y funcionales y, como tal, listo para ser utilizado.

La introducción de un sistema informativo puede, en cambio, definirse como un nuevo modo de razonar todas las actividades de recogida y elaboración, con el auxilio de herramientas informáticas pertinentes, de los datos necesarios para satisfacer las exigencias informativas empresariales.

Es importante subrayar que, en el desarrollo de un sistema informativo válido, el papel más delicado afecta a la identificación de la lógica del proceso más eficaz que el sistema tendría que poseer y no, como demasiado a menudo en cambio se cree, a la elección de las herramientas. La elección del software es ciertamente una decisión de gran relevancia, pero no es una elección decisiva. En cambio, sucede con bastante frecuencia ver a empresas que han impuesto el desarrollo del sistema informativo con el apoyo del control de gestión a partir del software, convencidos de que su potencialidad asegurará una perfecta adhesión a su propia y específica realidad. Eso es una convicción errónea y extremadamente peligrosa, que conduce por lo general a la pérdida de días y días intentando componer el software para que pueda «hacer lo que se desea».

El resultado de ese esfuerzo, además de la generación de costes muy superiores a los inicialmente sostenidos para la compra del software, es que este último resultará muy probablemente del todo «desnaturalizado» en los contenidos y en las modalidades operativas, respecto al paquete adquirido.

El recorrido correcto, en cambio, prevé que el área administrativa desarrolle un mapa muy detallado, mejor si es por escrito, que ilustre sus exigencias[39]. Ese mapa debe ser objeto de un cuidadoso análisis con

---

39. En otros términos, es necesario hacer una foto del resultado deseado intentando clarificar al máximo —teniendo en cuenta por otra parte que se está hablando con personas que no pertenecen al área administrativa— lo que se tiene en mente (por ejemplo «quiero un informe hecho así y así, en esta columna se debe incluir este dato, y en esta otra, ese otro, y así sucesivamente).

el órgano interno que se ocupa de la informática o con los consultores externos. Estos últimos, basándose en la específica experiencia profesional y el profundo conocimiento de la estructura de los archivos informativos de los que dispone la empresa, establecerán si las informaciones requeridas por el área administrativa están ya a su disposición (y, en ese caso, dónde o cómo encontrarlas) o deben elaborarse, y evaluar eventuales inversiones en software y hardware.

Sólo en este punto es posible comprar el software de control de gestión considerado más idóneo, elección que debe representar de nuevo el resultado de una valoración común por parte del área administrativa y de los expertos informáticos[40].

En conclusión, las reglas, en cierto modo «ganadoras» son dos:

— máxima cooperación entre las personas del área administrativa y las del área informática de la empresa;
— cumplir los pasos justos en la secuencia justa.

La prisa se revela de nuevo como una mala consejera, tanto más en un campo delicado como este. Es mejor «perder» algunos meses para escoger bien lo que se tiene que emplear durante años que tener que poner remedio a una elección equivocada.

40. El consejo del autor del presente texto, movido por la experiencia, es el de intentar evitar siempre, en los límites de lo posible, que la elección la realice sólo el responsable del control de la gestión (que podría escoger un producto sin duda metodológicamente intachable, pero poco integrado con los demás sistemas informativos y operativos de la empresa) o peor aún, sólo el responsable informático (que se orientaría en cambio hacia un producto de buena calidad bajo el aspecto informático, pero absolutamente insatisfactorio para el diseño metodológico identificado por el controller). Es por este motivo mucho más pertinente una presión por parte de la cumbre directiva para que los dos responsables cooperen constructivamente.

Conclusiones

Con las consideraciones expuestas en el capítulo precedente, termina el largo viaje por el mundo del budget y sus «secretos». Habría muchas otras cosas que contar tratándose de un tema tan amplio y complejo, y muchas astucias y advertencias útiles en la práctica operativa en materia de definición de un budget.

Para profundizar más en el asunto, es conveniente consultar los textos citados en la bibliografía, pero en opinión del autor de estas líneas lo que se ha examinado representa no obstante un esbozo suficiente para permitir al lector aplicar en primera persona las nociones aprendidas. Eso siempre que no se olviden las siguientes recomendaciones.

Ante todo, la primera finalidad de un budget no debe ser la de formular una revisión, lo más precisa posible, de los resultados que serán, sino la de empujar a la empresa en la «dirección» deseada, para conseguir los resultados que *deberían* ser. Sucede a menudo sin embargo que se oigan afirmaciones como: «El año pasado desarrollé un buen budget, ya que el resultado efectivo se alejó muy poco de lo que yo había previsto»; estas afirmaciones denotan una sustancial confusión de fondo sobre las lógicas y los contenidos que forman un budget.

Por ello se debe siempre recordar que, en el control de la gestión, prever y programar no son en absoluto sinónimos, sino que denotan objetivos informativos y «mentalidades» completamente diversas.

En segundo lugar, es siempre oportuno que la actividad de programación, de la que el budget representa la síntesis, sea precedida por una reflexión profundizada por parte de la dirección o de los dueños sobre los objetivos y las estrategias que se deben seguir. Las mayores dificultades se sitúan de hecho en las realidades empresariales en las que se empieza a imponer el budgeting sin una clara indicación sobre su dirección, o peor aún, en contextos donde esas «direcciones de marca» están sujetas a continuas e imprevisibles variaciones.

En tercer lugar, se recuerda que el proceso de definición de un budget se caracteriza por contenidos precisos y sobre todo por una secuencia precisa, lógica y operativa de las distintas fases. Es preciso por lo tanto evitar actuar en «orden disperso» (por ejemplo, el desarrollo de una parte del budget de un área, luego por parte del budget de otra, etc.) para no trabajar inútilmente y para lograr un «producto final» que sea de calidad.

Por último, según mi opinión, no es nunca aconsejable el desarrollo de un budget sólo en valores, basados en la extrapolación y la proyección de determinados asientos contables, pero desvinculados por hipótesis precisas sobre las cantidades y la composición de los bienes que hay que comercializar, producir, etc. La referencia, en cambio, durante el programa de actuación, a cantidades físicas aumenta considerablemente la capacidad informativa y de conocimiento de los sucesos empresariales propios del budget, en particular de la eficacia de los análisis sucesivos de las desviaciones Por otra parte la aproximación a los valores favorece implícitamente la emergencia de una lógica de previsión en perjuicio de la de programación. No es necesario por lo tanto descuidar nunca la importancia de razonar en términos de calidad.

Tras estas últimas, pero necesarias, recomendaciones, sólo queda pues invitar al lector a construir un budget y... ¡desearle que pase un buen rato!

Bibliografía

Planificación estratégica

PELICELLI, G. (1985), *Strategie e pianificazione nelle imprese*, Turín.
POTER, M. y MONTGOMERY, C., comp. (1997), *Strategia*, Milán.

Budget

BRUNETTI, G., CODA, V. y FAVOTTO, F. (1984), *Analisi, previsioni, simu-
lazioni economico-finanziarie d'impresa*, Milán.
BRUSA, L. y DEZZANI, F. (1983), *Budget e controlo di gestione*, Milán.
BUBBIO, A. (1997a), *El budget per un'attività di direzione orientada al
futuro*, en *Enciclopedia di contabilità finanza e controllo*, vol. IV,
Turín.
— (1997b), *Il budget*, Milán.

Contabilidad analítica

AGLIATI, M. (1987), *La contabilità direzionale*, Milán.
FURLAN, S. (1996), *La moderna contabilità industriale*, Milán.

Reporting y análisis de las desviaciones

AMIGONI F. (1988), *Le forme di reporting e l'analisi degli scostamenti*, en *Misurazioni d'azienda. Programmazione e controllo*, vol. 2, Milán.

ARCARI A. M. (1976), *L'attività di controllo e il sistema di reporting*, en *Misurazioni d'azienda. Programmazione e controllo*, vol. 2, Milán.

Sistemas informativos

CAMUSSONE P. F., PLUDA E. y POLESE C. (1985), *Il sistema informativo in azienda*, Milán.

PRINCE T. R. (1969), S*istemi informativi per la pianificazione e il controllo delle aziende*, Milán.

www.ingramcontent.com/pod-product-compliance
Lightning Source LLC
Chambersburg PA
CBHW051337200326
41519CB00026B/7459